DER LEBENSRAUM DER BYZANTINER

BYZANTINISCHE GESCHICHTSSCHREIBER

Herausgegeben von
UNIV.-PROF. DR. JOHANNES KODER

Ergänzungsband 1

INHALT

ABBILDUNGSVERZEICHNIS

ABBILDUNGSNACHWEIS

1. Koder – 2. nach Philippson-Kirsten IV 1959, 13. – 3. unter Verwendung von Eggeling 1978, 31. – 4. nach Brice 1978, 103. – 5. Koder unter Verwendung von Lombard 1959, Kartenbeilage. – 6. nach Skrivanić, in: Carter 1977,137, und Winfield 1977, 151. – 7. nach Ellis Davidson 1976, Karte 2. – 8. nach Honigmann 1939, Karte 1. – 9. nach Honigmann 1935, Karten 1–4. – 10. Koder. – 11. unter Verwendung von Ostrogorsky 1963, Karten 2 und 3, und Toynbee 1973, Karte 5. – 12. nach Ostrogorsky 1963, Karte 5. – 13. Koder. – 14. unter Verwendung von Atlas 1:200.000 des Statist. Amtes von Griechenland, Blatt Chalkidike. – 15. nach Müller-Wiener 1977, Abb. 2–4. – 16. nach Koder 1982, 17. – 17. Dumanis-Oliver 1974, 75. – 18. Philippa-Apostolu 1978, 75. – 19. Chrysochoïdes 1979, Abb. 18. – 20. Chrysochoïdes 1979, Abb. 31. – 21. Gerov, in: Die Sprachen ... 1980, 149. – 22. unter Verwendung von Koder 1978, 329. – 23. Koder unter Verwendung von Birken 1976, Karte 5.

Die Reinzeichnungen der Druckvorlagen für die Karte erfolgten durch H.-J. Wandl, für die Abbildungen 1–3, 5–15, 21–22 durch M. Sipsi-Eschbach und N. Eschbach, Mainz.

8

VORWORT

Das vorliegende Buch hat zunächst die Absicht, dem Leser der *BYZANTINISCHEN GESCHICHTS-SCHREIBER* Fragen der Lokalisierung der in den byzantinischen Historikertexten genannten Ortsnamen zu beantworten, soweit es sich um bedeutendere Siedlungen handelt. Diesem Ziel soll die zweifärbige Karte 1:5 Millionen am Ende dieses Bandes, in Verbindung mit dem etwa 1100 Toponyme enthaltenden geographischen Register dienen.

Weiters versucht das kleine Buch, in vorläufiger Form eine Lücke zu schließen: Dem an Byzanz Interessierten stehen zwar mehrere in letzter Zeit erschienene historische Informationswerke verschiedenen Umfangs zur Verfügung, doch ist ihm – trotz der rasch fortschreitenden Entwicklung der Forschung auf dem Gebiet der historischen Geographie von Byzanz, gerade in den letzten beiden Jahrzehnten – kein historisch-geographischer Überblick über den byzantinischen Raum greifbar. Daher versucht der Verfasser, hier eine knappe, dem heutigen Wissensstand Rechnung tragende Zusammenfassung der historisch-geographischen Grundlagen des byzantinischen Raumes zu bieten, welche wichtige geographische Fragestellungen des byzantinischen Staates (bzw. seiner Kernräume) behandelt: Naturraum und Klima, Veränderungen des Naturraumes, Verkehrs- und Verwaltungsgeographie, Siedlung und Bevölkerung. Eine detaillierte Darstellung einzelner Landschaften im Sinne der historischen Landeskunde verbot sich angesichts des der Reihe *BYZANTINISCHE GESCHICHTSSCHREIBER* angemessenen Umfanges des Werkes, doch hoffe ich, die gesamtbyzantinisch bedeutsamen Entwicklungen einigermaßen vollständig referiert und die hauptsächlichen

Aspekte der historischen Geographie von Byzanz verdeutlicht zu haben. Diesem Ziel sollen auch die dem Text beigegebenen Abbildungen dienen. Der Leser soll aber wissen, daß die hier gesammelten Informationen das Bild der Landschaft als des Raumes, der die individuelle Lebensform prägt, nur rahmenhaft und exemplarisch beschreiben können; weiters daß die topographische Erschließung einzelner Landschaften und Städte (auch Konstantinopels) nicht die Aufgabe dieses Buches sein kann.

Aus den schon genannten Gründen wurden auch die „Bibliographischen Hinweise" auf die Enden der Abschnitte 1-10 konzentriert und nur in wenigen Ausnahmen in den Text gesetzt. Sie bringen als Kurzzitat den Autornamen und das Erscheinungsjahr der Untersuchung (z.B.: Philippson 1939); das Vollzitat ist dem Abschnitt 11 („Literatur") zu entnehmen, auf dessen „Vorbemerkung" hier verwiesen sei.

Weiters sei darauf hingewiesen, daß die Toponyme, soweit möglich und sinnvoll, in Text, Abbildungen und Karte dieses Buches in ihrer byzantinischen (d.h. meist griechischen) Form wiedergegeben werden, soweit nicht eine eingedeutschte Form (z.B. Athen, Konstantinopel) geläufig ist. Durch Schrägstriche getrennt wird oft auch der moderne Ortsname (z.B. Germanikeia/Maraş) oder weitere (historische) Namen angeführt (z.B.: Rausion/ Ragusa/Dubrovnik).

Das Griechische wird nach den Regeln der *Byzantinischen Zeitschrift* transkribiert (Ausnahme: griech. rho = r, nicht rh). Folgende Abkürzungen werden (auch im Text) verwendet:

Abb.   Abbildung
BG   *Byzantinische Geschichtsschreiber*
B.R.   Byzantinisches Reich
H.   Hagios, Hagia, Hagion = Heilige(r/s)
Jh.   Jahrhundert

10

Ich habe vielfältigen Dank abzustatten: meiner Frau Alice für die Mitgestaltung des geographischen Registers und der Karten; Heinz Eggers, Mainz, Ernst Kirsten, Bonn, und den Mitarbeitern der Tabula Imperii Byzantini, Wien, für Anregungen und Verbesserungen; Maria Sipsi-Eschbach und Norbert Eschbach, Mainz, für die Erstellung der Druckvorlagen des Großteiles der Textabbildungen und H.-J. Wandl für die Erstellung der Kartendruckvorlage; Klaus-Peter Todt, Mainz, für die Hilfe beim Zusammenstellen der Literatur; A. Markopoulos, Athen, für die Beschaffung griechischer Literatur; der Johannes-Gutenberg-Universität für die Bewilligung eines Forschungsfreisemesters und die Gewährung von Reisekostenzuschüssen; schließlich den Mitarbeitern des Verlages Styria für Geduld und Sorgfalt. Ich hoffe, daß der knappe Text dem Leser ein erstes Bild der Geographie von Byzanz zu vermitteln vermag.

Mainz, 1984   *Johannes Koder*

Peu à peu le rêve prend corps,
quand on rassemble tous ces fragments,
quand on mesure ces distances;
et, au-dessus de ces terrains vagues,
à travers tous ces minarets
mont le mirage de Constantinople

Michel Butor, Le génie du lieu

1. DIE BYZANTINISCHEN GROSSRÄUME

Byzanz, das Byzantinische Reich (im folgenden: B.R.), ist jener Staat, der sich selbst als Staat der „Romäer" („Römer") bezeichnete, da er sich bruchlos aus dem Römischen Reich der Spätantike entwickelte. Seine Existenz wird in der Regel mit dem Zeitraum gleichgesetzt, während dessen die Stadt Byzantion/Konstantinopel/ Istanbul als „zweites Rom" Hauptstadt des späten Römischen beziehungsweise des Byzantinischen Reiches und Kaiserstadt war, also zwischen 330 und 1453.

Wenngleich Byzanz seine historische Entwicklung am Ende des Mittelalters abgeschlossen hat, ist seine räumliche Abgrenzung nicht einheitlich zu definieren. Dies erklärt sich zum einen aus dem langen Zeitraum seiner Existenz, während dem das B.R. gezwungen war, sich allseitig mit politischen, wirtschaftlichen und kulturellen Kräften sehr unterschiedlicher Qualität und Quantität auseinanderzusetzen, und zum anderen, damit zusammenhängend, mit der – nach Epochen unterschiedlichen – Diskrepanz zwischen politischer Realität und ideologischem Anspruch auf Territorialherrschaft. Eine Übereinstimmung seiner politischen Grenzen, soweit sie für einzelne Abschnitte fixierbar sind, mit solchen, die sich von der naturräumlichen Gliederung her anbieten, stellt man nicht besonders häufig und oft nur kleinräumig und kurzzeitig fest, am ehesten noch in seiner Frühzeit, bis um 600.

Das B.R. entwickelte sich nicht aus dem „Nichts"; am Beginn stand nicht die, etwa durch einen Bedarf bedingte

Expansion eines ursprünglich kleinen (z.B. stammesor-
ganisierten) Gemeinwesens aus einer inmitten von Natur-
landschaften gelegenen Siedlungszelle, sondern eine allmähliche – nur teilweise bewußt vollzogene – Umfor-
mung aus dem den Großteil der Ökumene der Alten Welt,
den gesamten Mittelmeerraum umspannenden Imperium
Romanum zum mittelalterlichen, christlichen Staat des
Ostens.

Dieser Staat stand zeit seiner Existenz unter dem Druck
einer politischen und militärischen Zweifrontenauseinan-
dersetzung, der Angreifer von Nordwesten und Norden in
seinem europäischen und der Angreifer von Osten und
Südosten in seinem asiatischen Gebiet. Als tragisches
Moment kommt hinzu, daß das potentielle Hinterland,
die ehemalige Westhälfte des Römischen Reiches, sich
immer mehr als zusätzlicher Gegner dieses Staates profi-
lierte, der schließlich an dessen Untergang einen wesentlichen Anteil hatte.

Der ideologische und geographische Fixpunkt innerhalb
der elfhundertjährigen Geschichte von Byzanz ist das
Reichszentrum Konstantinopel, eine Stadt, die durch
Konstantin den Großen am Beginn des 4. Jh.s nach
einiger Überlegung zum „neuen" oder „zweiten Rom"
dekretiert und planmäßig als imperiale Hauptstadt ausgebaut wurde. Konstantinopel entwickelte sich von Anfang
an stetig, in Konkurrenz zum „alten" Rom, zum neuen
politischen, wirtschaftlichen und kulturellen Mittelpunkt
des jeweiligen Reichsgebietes, wobei diese Entwicklung
sich verstärkte, je mehr der Westen (die westliche Reichshälfte nach dem Tod Kaiser Theodosios' I., 395) und der
Osten (das sich aus der Gesamtheit des Imperium Romanum verstärkt lösende und eigenständig profilierende
B.R.) auseinandertraten; etwa 1500 Jahre war es die
einzige Hauptstadt des ägäischen Großraumes.

Abb. 1: Periphere und zentrale Interessenräume der Byzantiner
(Grenzen zur Zeit von Justinian I. bzw. Herakleios).

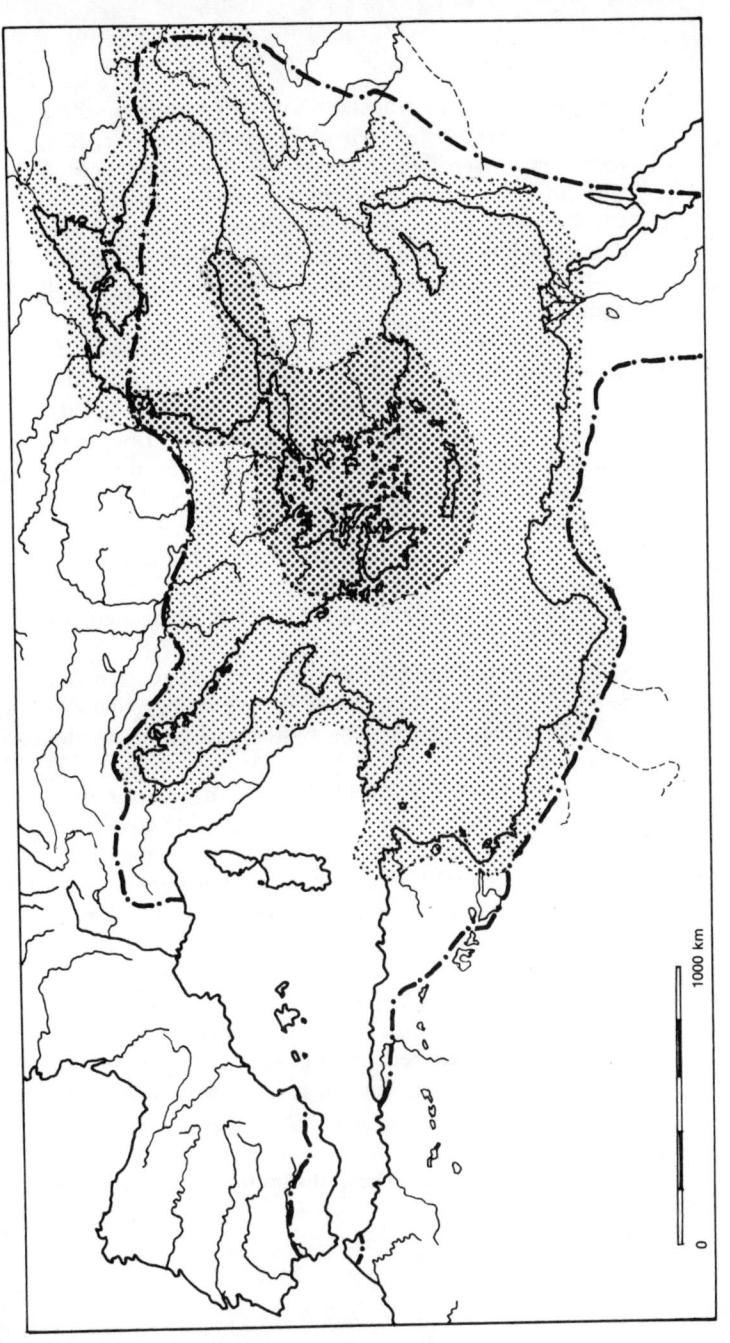

1000 km

So lassen sich, auf Konstantinopel als politisches Zentrum ausgerichtet, drei größere Interessenräume des B.R. feststellen, deren äußere – von der Hauptstadt jeweils entfernteste – Grenzen bis zu einem gewissen Ausmaß variabel sind, deren zumindest teilweiser Besitz – angedeutet im folgenden durch den Begriff „Kerngebiete" – im Prinzip aber für das B.R. existenznotwendig ist (vgl. Abb. 1):

1. Das östliche Mittelmeer (traditionelle Grenze: die Straße von Sizilien) und das Schwarze Meer, samt den Küsten, Hinterländern und Inseln; Kerngebiete sind die Ägäis mit etwa sechzig ständig bewohnbaren Inseln und das Marmarameer samt den Meerengen und dem Eingang des Schwarzen Meeres;

2. Kleinasien und die östlich anschließenden Teile Armeniens, des Zweistromlandes und der Levante; Kerngebiete sind das westliche Kleinasien sowie die sich daran schließenden nördlichen und südlichen Küstenzonen dieser Halbinsel;

3. die Balkanhalbinsel etwa bis zu den Flußgrenzen von Save und Donau; Kerngebiete sind Thrakien, die der Ägäis zugewandten Teile von Festlandgriechenland und die Peloponnes.

Von diesen drei Großräumen darf man dem ersten, hier insbesondere der Ägäis, vor den beiden anderen eine vorrangige Bedeutung zusprechen, welche bereits bildhaft in der „Theophanes continuatus" genannten byzantinischen Chronik des 10. Jh.s (Buch II 73) in einem Vergleich zum Ausdruck kommt, der auch von einem späteren Historiker (Johannes Skylitzes, vgl. Band 15 der *BYZANTINISCHEN GESCHICHTSSCHREIBER*, S. 73) übernommen wird: Anläßlich des Berichtes über die Eroberung Kretas durch die Sarazenen (um 825) bezeichnet der Autor die kontinentalen Teile des B.R., Kleinasien und Europa, als Kopf (kephalé) und Schwanz (urá), und die Inseln als die Mitte (mése) eines gesamtkörperlichen (holósomos) Gebildes. Diese Bedeutung der Ägäis ent-

16

spricht der besonders starken Beziehung des B.R. zum Meer, die vielleicht nicht das Ausmaß des Extremfalles Venedig erreicht, da das B.R. ja über große Binnenräume verfügte, aber im Vergleich zu den meisten in Betracht kommenden Staaten Europas (etwa Reiche der Bulgaren und Avaren, Karolingisches Imperium) und Asiens (z.b. Sasanidenreich, Chalifat) sehr stark ausgeprägt war. Diese „Maritimität" des B.R. ist nicht auf ein passives, wertungsneutrales Akzeptieren der geographischen Gegebenheiten des Staatsterritoriums beschränkt – wie dies weitgehend beim Osmanischen Reich als dem direkten Nachfolger des B.R. der Fall ist, welches bei vergleichbarer räumlicher Situation in seinem gesamten politischen Agieren wesentlich binnenländischer orientiert ist –, sondern zeigt sich in einer aktiven Einbeziehung aller Möglichkeiten von Meer, Küsten und Inseln in die Gestaltung des byzantinischen Lebens- und Kulturraumes.

Neben den genannten Kerngebieten spielen Italien (speziell Süditalien) und Sizilien, die sogenannte „Italia byzantina" also, sowie die Länder der südlichen Mittelmeerküste, besonders Ägypten, und weiters die südlichen Teile Spaniens in unterschiedlichem Ausmaß die Rolle von Randinteressengebieten, da sie meist lediglich in frühbyzantinischer Zeit noch dem B.R. angehörten, später jedenfalls für die Existenz des Staates nicht bedeutsam waren. Nach dem 6. Jh. und vor der Kreuzzugszeit, in jenem Zeitraum also, für den das B.R. seine mittelalterliche Form finden und existenziell ungefährdet bewahren konnte, erstreckten sich seine Interessenräume in etwa über das Hoheitsgebiet folgender moderner Staaten: Jugoslavien (Makedonien, Montenegro, Serbien, Dalmatien mit Inseln), Albanien, Bulgarien, Rumänien (Dobrudscha), Sowjetunion (Krim), Türkei, Griechenland und Zypern. Dieser Raum liegt ungefähr zwischen 35° und 45° nördlicher Breite und 17° und 43° östlicher Länge; er umfaßt ein Gebiet von etwa 1,200.000 km².

Es besteht kein Zweifel, daß das B.R. während des genannten Zeitraumes einzelne Regionen (etwa Teile Kleinasiens, Bulgarien) zeitweise nicht inkludierte, dafür andere, oben nicht aufgeführte (etwa Sizilien, Unteritalien, das mediterrane Westsyrien) zeitweise besaß, doch vermag die Angabe einer Fläche von etwa einer (bis 1,2) Million km² eine realistische Vorstellung von der Größenordnung des byzantinischen Raumes zu geben.

Die Flexibilität bezüglich der Ausdehnung der Kernräume zeigt sich insofern, als eine zeitweilige Verringerung dieser Gebiete von außen her den Staat wirtschaftlich und politisch nicht ernsthaft bedrohen, der gänzliche Verlust eines der drei Räume aber langfristig nicht kompensiert werden konnte. Die Ausrichtung des gesamten Staates auf ein einziges politisches, wirtschaftliches, religiöses, geistiges und kulturelles Zentrum, Konstantinopel, als Sitz des Kaisers, des Patriarchen, aller Behörden, aller geistigen (bis zum 13. Jh.) und wirtschaftlich relevanten (bis zum 12. Jh.) Institutionen war Stärke und Schwäche des Reiches zugleich.

Neben den macht- und wirtschaftspolitischen Aspekten scheint auch das Selbstverständnis der Byzantiner als „Romaioi" („Römer"), welches in den Kernräumen die gesamte byzantinische Zeit über (und im Ägäis-Raum bis in die Neuzeit in der Selbstbezeichnung „Romiós") lebendig war, den besonders hohen Grad an „Byzantinität" dieser Räume zu dokumentieren. Auch aus dem Blickwinkel der anderen Nationen schränkte sich die Bezeichnung „romäisch" im Laufe der Zeit auf diese Kernräume ein: Während das analoge „Rūm" in arabischen Quellentexten noch das „römische" Gebiet in einem sehr allgemeinen Sinn bezeichnet, also über Konstantinopel und den engeren byzantinischen Raum hinaus auch beispielsweise die Küsten Italiens meinen kann, bedeutet „Romania" in den italienischen Quellen ab dem 12. Jh. nur die oben genannten Kerngebiete (diese aber auch, wenn sie zum Zeitpunkt der Quellenaussage nicht dem byzantinischen Staat angehören) und das türkische Sultanat „Rūm" in noch engerem Sinn den ehemals romäischen Teil Kleinasiens, der ebendieses Sultanat aufnahm.

Die Einsicht in die politische Notwendigkeit des Besitzes dieser Kerngebiete spiegelt sich auch in der territorialen Entwicklung des Osmanischen Reiches wider und mag für den osmanischen Herrschertitel „Sultan der beiden Erdteile und der beiden Meere" (Rumeli/Europa und Anadolu/Kleinasien; Weißes Meer/Mittelmeer und Schwarzes Meer) mitbestimmend gewesen sein, auch wenn der Titel seldschukische und mamlukische Vorbilder hat.

Bibliographische Hinweise
Carter 1977. – Cary 1949. – Hunger 1965. – Koder 1983. – Kolias 1969. – Kreiser 1979. – Lewicki 1978. – Maier 1968. – Maull 1962. – Ostrogorsky 1963. – Philippson 1939. – Pirenne 1937. – Schmieder 1969. – Toynbee 1919. – Zakythinos 1979.

2. DIE LANDSCHAFTEN

Die folgenden Seiten versuchen, die naturräumliche Gliederung und die Oberflächengestalt der genannten byzantinischen Interessenräume soweit darzulegen, wie dies
notwendig erscheint, um ihre Bedeutung für Siedlung,
Verkehr, Wirtschaft, Verwaltung und politische Entwicklung zu erhellen. Die Beschreibung der Großräume geht
von der frühbyzantinischen Trennungslinie zwischen östlichem und westlichem Reichsteil aus und schreitet in
südöstlicher bzw. östlicher Richtung bis zur (arabischen)
Ostgrenze fort.

2.1. Die westliche Balkanhalbinsel

Die Balkanhalbinsel nördlich der Save-Donau-Achse
steht nach Norden, zur ungarischen Tiefebene und zum
rumänischen Tiefland ungeschützt offen. Diese Ebenen
setzen sich auch südlich der beiden Flüsse in geringerem
Ausmaß fort, wobei die südlichen Zubringer zur Donau
aus dem Karst und aus dem Balkan, besonders Morava
und Iskar, günstige Voraussetzungen für Nordsüdverbin-
dungen schaffen. Der Charakter der westlichen Balkanhalbinsel ist durch das im Anschluß an die Alpen in
mehreren parallelen Faltenzügen nach Südosten bzw.
Süden streichende Dinarische Gebirge (den Karst) bestimmt, welches sich südlich in geringerer Breite im
Mirditen-Gebirge und in den epirotischen Gebirgszügen
(Pindos) sowie den vorgelagerten Jonischen Inseln fort-

setzt und im Osten etwa durch die Morava/Margos-Vardar/Axios-Furche abgegrenzt ist. Der vielfach unfruchtbare und neuzeitlich in weiten Teilen unbewaldete Karst wirkt infolge seines küstenparallelen Verlaufes verkehrs- und siedlungsfeindlich. Er senkt sich erst in Meeresnähe zur fruchtbareren adriatischen Küstenlandschaft ab, welche in Dalmatien und in den teils versumpften Küstenebenen Albaniens (nördlich des akrokeraunischen Vorgebirges) Küstenbesiedlung zuläßt. Im epirotischen Bereich (Südalbanien, Westgriechenland) ist die teilweise extreme Steilküste weitgehend siedlungsfeindlich, ebenso Teile der Westküsten der Jonischen Inseln.

Das Gewässernetz des jugoslavischen Karsts verläuft – soweit oberirdisch – in gewundenen, tiefeingeschnittenen Tälern und ist größtenteils nach Norden, zur Save und Donau gewandt (Ausnahme: Neretva). Erst im albanisch-griechischen Bereich ergießen sich mehrere, zumeist kurze Flüsse in die Adria und das Jonische Meer (die wichtigsten: Drin, Skompos/Shkumbini, Vijosa/Aoos, Kalamas, Acheron, Arachthos). An der Nord- und Nordostseite des Karstes erstreckt sich zwischen diesem und den ihn begrenzenden Flußtälern von Save und Morava ein unterschiedlich breites, fruchtbares Hügelland; fruchtbar sind auch die Täler dieser beiden Flüsse und des Vardar/Axios, welcher – durch eine kaum erhöhte Wasserscheide von der Morava getrennt – der Ägäis zufließt. An der Adria-Küste (im Inneren von Hafenbuchten) und in den genannten Tälern (oft als Zentren von Talbecken), meist nicht im Inneren dieses Gebietes, liegen auch die zentralen Siedlungen.

2.2. Adria und Jonisches Meer

Die Unwegsamkeit des Karsts und die Abgeschlossenheit der Küste gegen das Landesinnere, aber auch die große Entfernung von Konstantinopel bewirken, daß sowohl die Adria als auch das südlich anschließende Jonische Meer aus byzantinischer Sicht zumeist als Randinteressenzonen zu bezeichnen sind, und dies obwohl Sizilien und Süditalien, aber bis 751 auch noch Ravenna, und länger noch Venedig, politisch zu Byzanz zu rechnen sind. Während die Westküste der Adria praktisch insellos ist, ziehen sich an ihrer Ostküste in Fortsetzung der Halbinsel Istrien bis vor Rausion/Ragusa/Dubrovnik die Karstinseln Dalmatiens entlang, die als Rückhalt der byzantinischen und später der venezianischen Flotten seit der slavischen Landnahme am Festland an Bedeutung gewannen. Den südlichen Abschluß der Adria bildet die etwa 70 km breite Straße von Otranto, jenseits derer sich das Jonische Meer einem Trichter gleich nach Süden öffnet. Hier sind dem griechischen Festland die Jonischen Inseln als Spitzen eines abgesunkenen Gebirgszuges parallel zur Küste vorgelagert (die teilweise sehr fruchtbaren Hauptinseln: Kerkyra/Corfu, Leukas, Kephallenia/Cefalonia, Zakynthos/Zante), während die insellosen Küsten der Magna Graecia der Antike – Siziliens, Kalabriens und Apuliens (Golf von Tarent) – die westliche Begrenzung bilden.

2.3. Die östliche Balkanhalbinsel

Der Osten der Balkanhalbinsel ist durch die südliche Fortsetzung des Karpatenbogens gegliedert, der am Eisernen Tor von der Donau durchschnitten wird: das bis zu 2370 m hohe, parallel zur Donau in östlicher Richtung verlaufende Balkangebirge und die südöstlich streichenden Rodopen. Das Balkangebirge ist durch mehrere Pässe gegliedert; es fällt nach Süden steil, nach Norden nur mäßig ab und geht hier in ein fruchtbares Tafelland über, welches sich allmählich verbreiternd zwischen Vidin und dem Schwarzen Meer das Gebirge von der Donau trennt, zu welcher es steil abfällt. Nahe der – hier schiffbaren – Donau lagen wichtige Grenzfestungen wie Vidin, Nikopolis und Silistria, im Tafelland die bulgarischen Zentren Pliška, Preslav und Tărnovo. Durch ihren Schwenk nach Norden grenzt die Donau die Dobrudscha vom rumänischen Tiefland ab.

Südlich des Balkan liegt das – außerdem von Vitoša (2300 m) und Osigova-Gebirge umgebene – Becken von Serdika/Sofia (Kreuzung von Handelsstraßen), östlich angrenzend die fruchtbare Talebene der Marica, welche bei Adrianopel die Thrakische Masse durchbricht und zur nordöstlichen Ägäis abfließt. Zwischen sie und den Südabfall des Balkan ist ein stark untergliedertes, durch eine niedrige Bergkette separiertes fruchtbares Vorland geschoben (altes Zentrum: Sliven/Stilpnon). Steil aufragende und schwer begehbare Gebirgsblöcke stellen die Rila (2900 m), das Pirin- und das Rodope-Gebirge dar, welche nach Süden zur nordägäischen Küste abfallen, aus der sich die Mündungsebenen von Struma/Strymon und Mesta/Nestos vorschieben.

Makedonien ist, insbesondere im Westen, noch von den Dinarischen Faltengebirgen bestimmt, doch treten hier die Kalke zugunsten von Schiefer, Granit und Gneis zurück, wodurch sich im Vergleich zum Karst ein wesentlich milderes, waldreicheres und fruchtbareres Landschaftsbild ergibt. Die Falten lösen sich nach Süden zu in einzelne Gebirgsstöcke und Becken auf, die zum Teil stehende Gewässer enthalten (Ochrid-, Prespa-, Kastoria-, Begoritis-See); die Entwässerung des Gebietes erfolgt zum Thrakischen (Strymon, Nestos) und zum Thermaischen Golf, in welchen Haliakmon und Axios/Vardar stetig vordringende, fruchtbare Schwemmlandebenen produzieren. Überregionales Zentrum ist Thessalonike, regionale Zentren sind die jeweiligen Hauptorte der einzelnen Becken; unter ihnen sind Stobi, Pelagonia/ Herakleia/Bitola, Edessa und Serres als Zentralort des unteren Strymon hervorzuheben, dessen versumpfte Mündung die Entstehung einer Hafenstadt verhinderte

(Lage der Haupthäfen Thessalonike und Christupo-
lis/Kabala abseits der großen Flußmündungen).
Durch eine von Seen (Koronis, Bolbe) erfüllte Senke ist
die Halbinsel Chalkidike mit den drei fingerartig in die
Ägäis vorstoßenden Spitzen Kassandra, Longos/Sitho-
nia und Athos/Hagion Oros („Heiliger Berg") von Makedonien getrennt.

2.4. Großraum Konstantinopel und Marmara-Meer

Ist der westliche Abfall des Rodope-Gebirges, das Gebiet
zwischen dem Strymon und der Mündungsebene des
Nestos (samt der vorgelagerten Insel Thasos) zwischen
Makedonien und Thrakien strittig (Philippi zählte zu
Makedonien), so gehörte das Land östlich des Nestos
zweifelsfrei zu Thrakien. Dessen Kerngebiet zwischen
Marica, Istranca- und Koru-Gebirge bildet – die Talland-
schaft von Marica und Ergene ausgenommen – ein
trockenes, mäßig fruchtbares Tafelland, dessen verkehrs-
günstige Formation zum Bosporus-Übergang nach
Kleinasien hinführt und eine großräumige Verteidigung
Konstantinopels im weiteren Vorfeld der Stadt erschwert.
Von hier schiebt sich die Thrakische Chersonnes nach
Südwesten vor und bildet mit der Nordküste der kleinasiatischen Troas-Ebene den Hellespont (Dardanellen).
Eine noch deutlichere Einheit stellen die beiderseits an
den Bosporus heranführenden Halbinseln Rumeli auf
europäischer und Koçaeli auf asiatischer Seite dar.
Koçaeli ist durch den Golf von Nikomedeia, den Sapan-
ca-See und den Unterlauf des Sangarios/Sakarya (den
vermutlichen Verlauf des „Ur-Bosporus" also, als der
heutige Bosporus noch Flußtal war) von Kleinasien
abgegrenzt, was auf die Zufälligkeit der Kontinental-
grenze am Marmara-Meer hinweist, welches bei einer
(eiszeitlichen) Meeresspiegelabsenkung, sobald sie 50 m
überschritt, zum Binnensee wurde.

Das Marmara-Meer bedeckt eine Fläche von knapp 11.500 km², bei einer Ost-West-Erstreckung von 280 km zwischen Kallipolis und Nikomedeia und einer maximalen Nord-Süd-Erstreckung von etwa 80 km. Eine gering gegliederte europäische Küste steht hier einer durch Halbinseln (Kyzikos) und Buchten (Golf von Nikomedeia, von Kios) stark gegliederten asiatischen gegenüber, welcher auch zwei Inselgruppen vorgelagert sind: die neun Prinzeninseln südlich von Chalkedon (vier größere: Prinkipo, Chalke, Antigone, Prote) und die Marmara-Inseln nordwestlich der Halbinsel von Kyzikos (Prokonnesos, Halone, Aphusia, Kutalis).

Die Verbindung zur Ägäis bildet im Südwesten die 65 km lange und bis etwa 4 km (bei Abydos/Çanakkale 1,27 km) breite Meeresstraße der Dardanellen, die Verbindung zum Schwarzen Meer der 26 km lange und bis etwa 2 km (bei Kandili 0,6 km) breite Bosporus, an dessen südlichem Ausgang Konstantinopel liegt (zu den Strömungen in den Meerengen s. unten 2.5.).

Die Stadt Konstantinopel befindet sich auf einer in etwa dreieckigen, hügeligen Halbinsel, die mit ihrer Ostspitze in den Eingang des Bosporus ragt, im Süden vom Marmara-Meer und im Norden vom Goldenen Horn (griech. Keras, türk. Haliç) begrenzt ist, einer über 6 km langen Schlauchbucht als Fortsetzung der an ihrem Beginn mündenden kleinen Flüsse Kydaros/Alibey und Barbyses/Kağıthane. Eine Verteidigung zu Land war folglich nur an der Westflanke erforderlich.

2.5. Das Schwarze Meer und seine Abflußströmung

Das nur in der obersten Wasserschicht fischreiche Schwarze Meer (griech. Euxeinos Pontos = – euphemistisch – „Gastliches Meer", oder Maure Thalassa, türk. Kara Deniz) hat bei einer größten Tiefe von 2240 m eine Flächenbedeckung von ca. 520.000 km² und ist praktisch insellos. Es weist in seinem Ostteil wenig gegliederte, zum Teil steile Küsten auf, die nur an wenigen Stellen günstige Hafenbedingungen bieten. Nord- und Westküste sind durch eine breite Schelfzone, durch die weitgefächerten Flußmündungen und durch die Halbinsel Krim/Cherson charakterisiert, an deren östlichem Ausläufer der Kimmerische Bosporus in die Maiotis (Asowsches Meer) überleitet.

Die Krim (byz. Cherson oder Klimata), eine rhombenförmige Halbinsel, ist durch eine flache Engstelle im Norden mit dem südlichen Rußland verbunden; sie besteht in ihrem größeren nördlichen Teil in Fortsetzung der südrussischen Kontinentalmasse aus einem steppenartigen Tafelland, in ihrem südöstlichen Drittel hingegen nach einer Übergangszone aus einem parallel zur Südostküste in östlicher Richtung verlaufenden Gebirge, das sich über den Kimmerischen Bosporus hinweg im Kaukasus fortsetzt. Lediglich die letztgenannte, den Süden und Südosten der Krim umfassende Zone war wegen ihrer Fruchtbarkeit, ihrer handelspolitischen und strategischen Bedeutung gegenüber Rußland und ihrer günstigen Verteidigungslage byzantinisches Territorium. Zwar kann als unmittelbares Einflußgebiet am Schwarzen Meer neben der Krim und Kleinasien lediglich die Westküste bis zur Donaumündung bezeichnet werden, doch wurde der südrussische Raum dank der ganzjährig gleichmäßig stark wasserführenden, schiffbaren Ströme, die sich zwischen Donau und Kaukasus ins Schwarze Meer ergießen, zu einem Gebiet, dem Byzanz erhöhtes Interesse zuwandte (vgl. 6.4.).

Folgende zumindest in ihrem Unterlauf schiffbare Flüsse münden ins Schwarze Meer und eröffneten dem byzantinischen (in der Spätzeit vor allem dem genuesischen, aber auch dem venezianischen) Fernhandel ein bis Zentraleuropa, Nordeuropa und Skandinavien reichendes Aktionsgebiet (von Westen nach Osten): Donau (griech. Danubios, Istros), Dnjestr (Danastris, Tyras), Bug

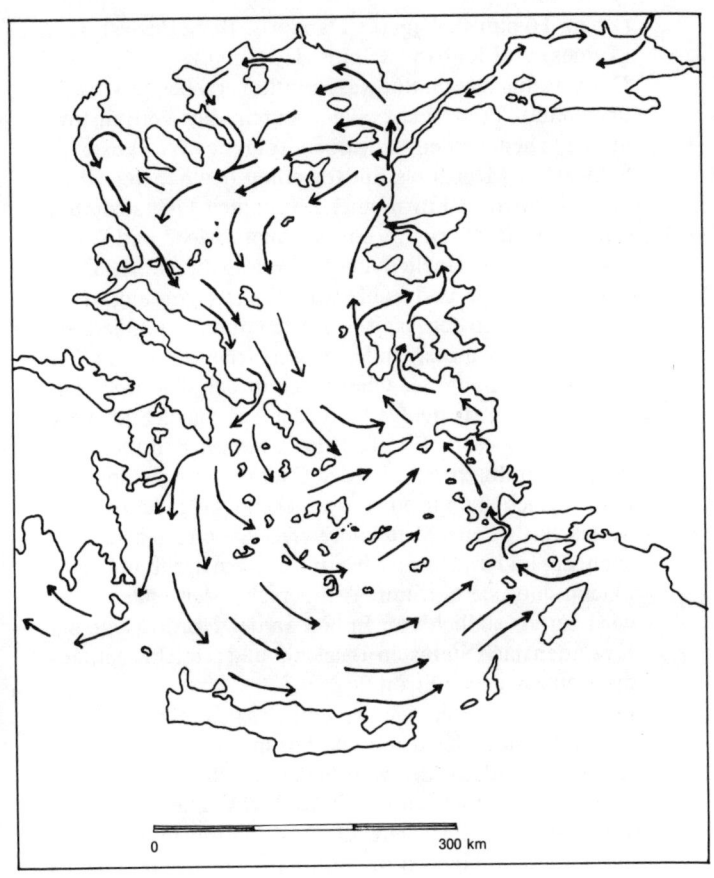

Abb. 2: Strömungen in der Ägäis und im Marmara-Meer.

(Bogu, Hypanis), Dnjepr (Danapris, Borysthenes), Don (Tanaïs) und Kuban (Kuphis, Hypanis).

Der sich aus diesem Süßwasserzufluß ergebende Wasserüberschuß kann nicht allein durch die Verdunstung ausgeglichen werden. Er ist bereits an der Westküste des Schwarzen Meeres als Südströmung deutlich registrierbar und wird in Form einer konstanten Oberströmung durch den Bosporus in das Marmara-Meer und weiter durch die Dardanellen in die Ägäis abgeführt. Diese schwach salzige und kühle „pontische Strömung" (vgl. Abb. 2) fließt in der Ägäis, gefördert durch dominierende Nord- und Nordostwinde, in westlicher Richtung (ein Teilstrom entlang der Chalkidike in den Thermaischen Golf) und dann in der Osthälfte der Ägäis nach Süden, wo sie sich verzweigt: Ein Teil fließt zwischen Euböa und Andros hindurch entlang der Ostküste der Peloponnes und teilt sich dann in einen westlichen Zweig, der bei Kap Malea das offene Mittelmeer erreicht, und einen östlichen, der im Kretischen Meer nach Osten dreht und in die „kleinasiatische Strömung" übergeht; der andere Teil wird bereits südlich von Euböa an der Nordostseite der Kykladen nach Südosten abgelenkt und erreicht ebenfalls die kleinasiatische Strömung.

Diese aus wärmerem und wesentlich salzhaltigerem Wasser bestehende kleinasiatische Strömung streicht im wesentlichen entlang der westkleinasiatischen Küste nach Norden. Sie strömt zum Teil ins Thrakische Meer, zum Teil aber als schwächere Gegenströmung in Ufernähe durch die Dardanellen ins Marmara-Meer, von dort als Unterströmung im Bosporus teilweise ins Schwarze Meer weiter. Im Bereich der Meerengen, aber auch im offenen Meer der Ägäis waren diese Strömungen dank ihrer Beständigkeit und Stärke (in den Engen maximal 9 km/h, vor Kap Malea 4 km/h) für die Schiffahrt von großer Bedeutung.

2.6. Ägäisches Griechenland

Den Übergang von Makedonien zum südöstlichen Griechenland bilden die Gebirgsstöcke der Chasia Ore und
des Olymp, gefolgt von den beiden großen thessalischen
Binnenbecken, welche vom Meer im Osten durch Ossa
und Pelion, im Süden durch die Othrys abgeschirmt sind.
Sie sind bereits zum zentralen griechischen Raum zu
zählen. „Die ganze Umgebung des Ägäischen Meeres,
nämlich Griechenland, Westkleinasien, die thrakisch-
makedonische Küste, die Meerengen, bildet nach ihrer
Natur und auch geschichtlich einen *einheitlichen Erd-
raum*, dessen Zentrum das Ägäische Meer ist, und den ich
(scil. Alfred Philippson) deshalb Ägäis genannt habe. Er
ist vor allem gekennzeichnet durch seine starke Zertrüm-
merung und dadurch verursachte reiche und vielartige
Gliederung in der Vertikalen und in der Horizontalen,
eine weitgehende Durchdringung von gebirgigem Land
und zerfasertem Meer" (Philippson 1939, 124).
Mittel- und Südgriechenland sind durch südlich und südöstlich streichende Kalkketten gegliedert, in denen zwei in
etwa parallel laufende Hauptstränge zu erkennen sind:
1. im Westen der Pindos, seine südlichen Ausläufer, die
Gebirgsstöcke der nördlichen und zentralen Peloponnes
mit den drei südlichen Halbinseln, welche über den süd-
ägäischen Inselbogen (Kythera – Kreta – Karpathos –
Rodos) zum Südteil der kleinasiatischen Westküste leiten;
2. die gebirgigen Landschaften Phokis, Böotien, Attika
und Euböa, fortgesetzt durch die westlichen bzw. südlichen Kykladen, den Südteil der Sporaden und die westkleinasiatischen Gebirgsketten südlich des Mäander.
Die kristallinen Schiefermassen Thessaliens und Südma-
kedoniens finden ihre Fortsetzung jenseits der Ägäis in
den Gebirgsmassiven Westkleinasiens. Diese markante
Gliederung wird in Griechenland durch die dazwischen in
südöstlicher Richtung verlaufenden Senken – 1. Golf von
Korinth und Saronikos, 2. Spercheios-Ebene, nördlicher

und südlicher Golf von Euböa – und durch die vielfältige Küstengliederung noch betont. Der relativ junge Einbruch der Ägäis und die zahlreichen Verwerfungen wirken bis heute in häufigen Erdbeben nach, deren Zentren entlang der Bruchlinie liegen (Erdbebenlinie Jonische Inseln – Messenien – Kythera – Kreta – Rodos – Marmaris-Golf in Kleinasien); an einer solchen Linie liegen auch die drei in historischer Zeit noch aktiven Vulkane dieses Raumes: Halbinsel Methana (Peloponnes), Inseln Thera/Santorin (Beben von 726, den Bilderstreit mit auslösend) und Nisyros.

Die Gebirge Südgriechenlands und der Peloponnes sind weiters durch zahlreiche, mäßig fruchtbare Becken- und Hügellandschaften als Siedlungszonen zergliedert, durch die sich die zumeist kurzen, oft nur saisonal wasserführenden Flüsse ihren Weg bahnen und so zusätzlich zur Kleingliederung des Landschaftsbildes beitragen. Zur Ägäis entwässern der Peneios und der Spercheios, in den Golf von Patras Acheloos und Mornos, in die abflußlosen Seen Boibe und Kopaïs Rebenikos und böotischer Kephissos; unter den Flüssen der Peloponnes sind drei zu nennen: Peneios und Alpheios münden in das Jonische Meer, der Eurotas in den Lakonischen Golf.

2.7. Die Ägäis

Die Ägäis ist das eigentliche *mare internum* der Byzantiner. Bei einer Nord-Süd-Erstreckung von über 600 km, einer Ost-West-Erstreckung zwischen knapp 200 und über 500 km (größte Tiefe bei Karpathos 2520 m) und einer Flächenbedeckung von etwa 179.000 km² wird sie im Westen und Norden vom griechischen Festland und der Peloponnes und im Osten von der kleinasiatischen Festlandmasse begrenzt. Im Süden markiert der südägäische Inselbogen die Grenze zum levantinischen Becken des östlichen Mittelmeeres. Die Küsten der Ägäis sind fast durchwegs von zahlreichen Buchten, Kaps und

Halbinseln sowie von vorgelagerten Inseln und Meeres-
straßen stark gegliedert, wodurch der Übergang vom
Festland zum Meer verwischt und eine enge Beziehung
zwischen Land und Meer hergestellt wird. Dieser Ein-
druck verstärkt sich durch zahlreiche Inselgruppen, die
besonders in der Südägäis gleichmäßig über die Meeres-
fläche verteilt sind (Maximaldistanz zweier Inseln in der
Ägäis: 40 km) und eine Brückenfunktion zwischen der
West- und der Ostküste erfüllen. Mindestens sechzig von
ihnen waren im Mittelalter ständig bewohnt, wobei die
größten (Kreta 8259 km², Euböa 3654 km², Lesbos
1633 km², Rodos 1398 km² und Chios 842 km²) teils
aufgrund ihrer Fläche, teils wegen ihrer Festlandnähe
eine siedlungsgeschichtliche Sonderstellung innehatten.
Die Inseln haben überwiegend gebirgigen Charakter,
wobei Höhen um und über 1000 m nicht selten sind und
auf Kreta die 2000 m deutlich überschritten werden (Ida
2456 m).
Die Ägäis-Inseln werden traditionell in zum Teil auch
geographisch zusammengehörige Gruppen eingeteilt. In
der Nordägäis sind dies die dem balkanischen Festlands-
schelf angehörenden Thrakischen Inseln (Hauptinseln
Thasos, Samothrake), die zum westkleinasiatischen
Schelf gehörigen Hellespont-Inseln (Tenedos/Bozcaada,
Imbros, Lemnos, Hagios Eustratios), die Magnesischen
Inseln (Skiathos, Skopelos, Halonnesos) und Skyros,
sowie die kleinasiatischen Küsteninseln (Lesbos, Chios,
Psara) und Euböa vor der griechischen Küste.
In der Südägäis sind zunächst die drei Reihen der
Kykladen zu nennen: als Fortsetzung der Südostspitze
Attikas die westliche Reihe (Kea, Kythnos, Seriphos,
Siphnos), als Fortsetzung Euböas die mittlere (Gyaros,
Syros) und die östliche Reihe (Andros, Tenos, Mykonos,
Delos); weiters die zentralen Kykladen (Antiparos, Pa-
ros, Naxos; Melos, Kimolos; Pholegandros, Sikinos, Ios,
Amorgos) sowie deren südliche Reihe (Santorin/Thera,
Anaphi, Astypalaia).

Westlich liegen die Inseln im Saronikos (Salamis, Ägina) und die Peloponnes-Inseln (Poros, Hydra, Spetsai), nahe der kleinasiatischen Küste die Sporaden, unter welche auch die Dodekanes zu rechnen ist (Ikaria, Samos; Patmos, Lipsos, Leros, Kalymnos, Kos; Nisyros, Telos, Syme, Rodos, Karpathos, Kasos); die drei letztgenannten Inseln schließen gemeinsam mit Kreta die Ägäis nach Süden und Osten gegen das levantinische Becken ab (Distanzen von Kreta: nach Zypern und Alexandria jeweils etwa 600 km, nach Antiocheia, Beirut, Akkon und Joppe/Jaffa etwa 900 km).

2.8. Ägäisches Kleinasien

Das der Ägäis zugewandte Westkleinasien, aus der Sicht der kleinasiatischen Halbinsel eine Randlandschaft, entspricht in seiner Oberflächengliederung den östlichen Teilen Griechenlands. Um das Zentrum der lydisch-karischen Masse sind hier im Anschluß an das Dinarische System Faltengebirge angeordnet, die im Osten auf die Ketten des Taurus und im nördlichen Bereich, in Mysien auf die westlichen Ausläufer des pontischen Gebirges stoßen. Auch hier ist, wie in Griechenland, durch spätere Auflagerungen und Brüche eine vielfältige Untergliederung in Hügelzonen, Becken und – zumeist in ostwestlicher Richtung – laufende Gräben gegeben, die eine Gliederung und Öffnung der Siedlungslandschaften zum Meer bewirken und die meisten der wasserreichen Flüsse Westkleinasiens an die Ägäis heranführen (von Norden nach Süden: Kaïkos/Bakırcayı, Hermos/Gediz, Kaystros/Küçük Menderes, Mäander/Büyük Menderes, Indos/Dalaman). Lediglich die im Bergland Mysiens entspringenden Enbilos/Koca, Makestos/Simav und Ryndakos/Kirmasti fließen ebenso wie die kleinen Flüsse der Troas-Ebene zum Marmara-Meer. Dieser Teil Kleinasiens mit seinen Flußebenen, Mündungsbuchten, seiner stark gegliederten Küste und den vorgelagerten Inseln zählte zu den fruchtbarsten und siedlungsreichsten Landschaften des B.R.

2.9. Zentrales Kleinasien

Der Übergang zum höher gelegenen Herzen Kleinasiens vollzieht sich allmählich. Eine ungefähre Grenze bilden die Wasserscheiden der genannten Flüsse zu denjenigen, die zum Schwarzen Meer, zur Südküste oder in die abflußlosen Binnenregionen entwässern; sie wird in etwa durch die westanatolische Gebirgsschwelle (auf der Höhe Dorylaion/Eskişehir – Burdur-See) gebildet, im 12. und 13. Jh. Grenzzone zwischen Byzantinern und Seldschuken. Das innere Kleinasien, ein Hochland zwischen 800 und 1300 m, ist durch Gebirge in Becken (türk. *ova*) unterteilt, die oft abflußlos sind und deren kurze Flüsse daher versickern oder in Seen enden (der große Salzsee Tatta, türk. Tuz gölü in Kappadokien, Beyşehir und andere Seen in Pisidien und Lykaonien); das zentrale abflußlose Gebiet umfaßt etwa 70.000 km² (vgl. Abb. 3). Die Becken sind im Westen kleiner und dehnen sich nach Osten zum Teil zu weiten Tafelländern mit eingeschobenen Tufflandschaften (Göreme) und Vulkanen (z.B. Argaios/Erciyes dag 3916 m und Argaios/Hasan dag 3258 m) aus. Der Nordteil entwässert durch die Flußsysteme des Sangarios/Sakarya und des Halys/Kızılırmak ins Schwarze Meer. Das zentrale Kleinasien ist nach Norden durch das fast lückenlose, etwa 1100 km lange pontische Faltengebirge begrenzt, das im Osten Höhen bis knapp 4000 m erreicht und nach Norden zu steil zur schmalen, wenig gegliederten Schwarzmeerküste abfällt. Sein Nordabfall wird durch die Täler zahlreicher kurzer Flüsse zergliedert, doch durchbrechen nur wenige Flüsse vom zentralen Hochland her das Gebirgsmassiv zur Küste; neben Sangarios und Halys sind dies im Osten der Iris/Yeşilirmak bzw. Lykos/Kelkit und der bereits bei Bathys/Batum mündende Akampsis/Çoruh.

Die Südbegrenzung des Inneren bilden die Ketten des Taurus (im Westen bis über 3000 m, im Osten bis 4000 m), die nach Süden abrupt zum Mittelmeer abfallen und – insbesondere im Bereich der Vorsprünge Lykiens und des rauhen Kilikien – kaum einen Küstenstreifen freilassen. Lediglich der Kestros/Aksu bildet bei Attaleia eine Schwemmlandebene, ebenso der Kalykadnos/Göksu eine kleinere bei Seleukeia. Im Osten schließt die ausgedehnte, fruchtbare kilikische Ebene (Çukurova) an, Schwemmland und Mündungsgebiet der Flüsse Kydnos/Tarsusçayı, Saros/Seyhan und Pyramos/Ceyhan. Die durchwegs sehr engen Durchbrüche der Flüsse durch den Taurus-Bogen nach Süden zeichnen den Straßenverlauf in diesem Raum bis heute vor; bekanntestes Beispiel: der ursprünglich nur wenige Meter breite Durchbruch des Kydnos in 1050 m Höhe, die „kilikische Pforte" (griech. Pylai Kilikias, arab. darb essalama = Paß des Heiles, türk. Gülek Boğazı).

Die alten Zentren Tarsos, Adana und Mopsuestia/Misis liegen in der kilikischen Ebene nahe den Gebirgsrändern, während die Hafenstadt Lajazzo/Yumurtalık erst zur Kreuzzugszeit Bedeutung erlangte. Die kilikische Ebene, zwar noch zu Kleinasien zu rechnen, aber von diesem durch den Taurus deutlich abgegrenzt, stellt – so wie der heute zur Türkei gehörige Hatay – eine Übergangszone zum syrisch-arabischen Raum dar. Wie sie kirchlich zum Patriarchat von Antiocheia und politisch in römischer und frühbyzantinischer Zeit zur Präfektur Oriens gehörte, so war sie seit der Entstehung des Kalifats fast immer umkämpftes Grenzgebiet, während der Hatay, wie Syrien und die gesamte östliche Mittelmeerküste, vom 7. bis zum 10. Jh. und wieder ab dem Ende der Kreuzfahrerstaaten im 13. Jh. unbestritten islamisches Herrschaftsgebiet war. Hier erstreckt sich ein fruchtbarer, schmaler Küstenstreifen als Fortsetzung der kilikischen Ebene um den Golf

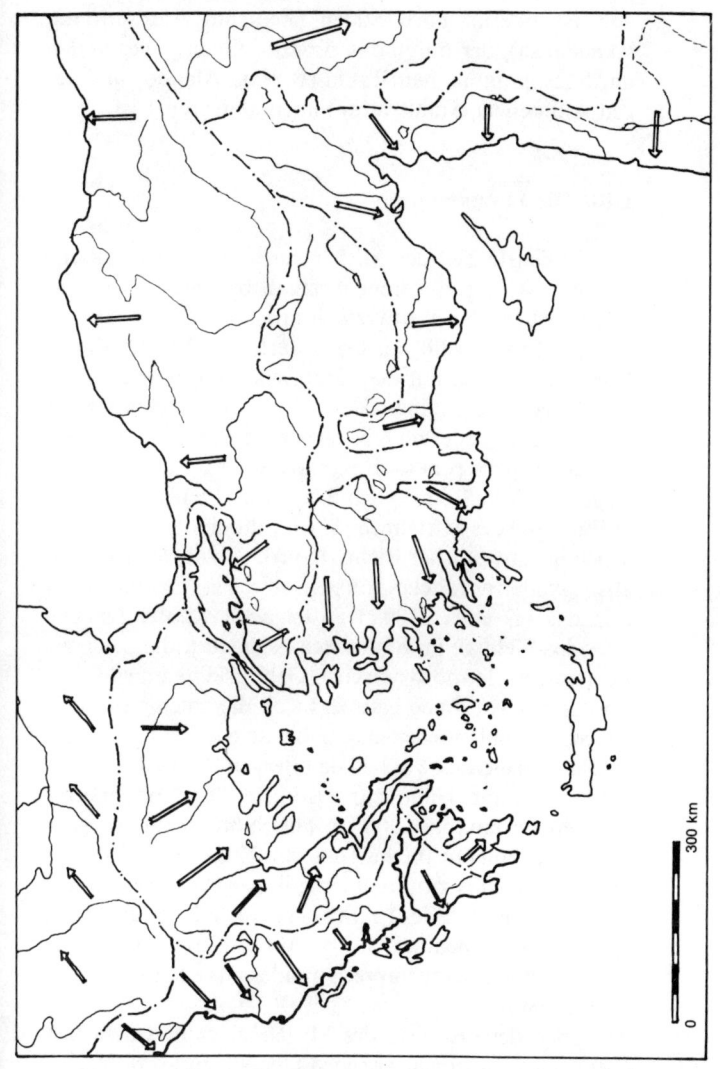

Abb. 3: Wasserscheiden, Entwässerungsrichtungen, abflußlose Gebiete.

35

von Iskenderun nach Süden (Zentrum Alexandrette/ Iskenderun), der durch das Amanos-Gebirge gegen den nordmesopotamischen Raum (Berroia/Aleppo) und gegen Antiocheia/Antakya im Süden abgegrenzt ist.

2.10. Die Levante

Der östlichste Teil des Mittelmeeres, das Levantinische Becken, ist in geringerem Ausmaß byzantinisches Einflußgebiet als die nordwestlich anschließende Ägäis, da hier die Exklusivität der Gewässerhoheit bereits ab der Mitte des 7. Jh.s, mit dem arabischen Flottenbau unter Mu'awija verlorenging. Dieser Teil des Mittelmeeres ist von wenig gegliederten Küsten begrenzt und mit Ausnahme von Zypern praktisch insellos.

Zypern, mit 9251 km² nach Sizilien und Sardinien drittgrößte Insel des Mittelmeeres, wird durch das im wesentlichen in ostwestlicher Richtung verlaufende, über 1000 m ansteigende nördliche Küstengebirge (Pentadaktylos) und das bis etwa 2100 m ansteigende, kupfererzreiche Troodos-Gebirge im Südwesten gegliedert, die beide als Fortsetzung der nordsyrischen Gebirgsketten anzusehen sind. Zwischen ihnen erstreckt sich die fruchtbare, teils aus Schwemmlandebenen bestehende Niederung der Mesaoria (wörtlich: „zwischen den Bergen"). Der Insel kam aufgrund ihrer Nähe zur Ostküste des Mittelmeeres (mittlere Distanz etwa 200 km, aber Nordostkap Andreas – Ras ibn Hani nur 100 km) und zur Südküste Kleinasiens (etwa 80 km) bis zu ihrem endgültigen Ausscheiden aus dem B.R. am Ende des 12. Jh.s gegenüber den islamischen Staaten eine wichtige Stützpunktfunktion zu, welche später von den Kreuzfahrern mindestens ebenso intensiv genutzt wurde.

Zwischen der Ostküste des Mittelmeeres und dem fast ebenen, wasserarmen syrischen Steppenland verläuft, bei Antiocheia im Norden beginnend, nach Süden eine 100

36

bis 150 km breite, teilweise sehr fruchtbare Zone, welche sich in vier unterschiedlich breite Längsstreifen gliedern läßt:

1. Die wenig gegliederte, buchtenarme Küste, teils Steilküste, teils Schwemmlandküste.

2. Ein westlicher Hochlandstreifen, welcher im Norden 1500 m, im Libanon über 3000 m und im Süden meist um 1000 m erreicht und sich an seinem südlichen Ende zur Halbinsel Sinai (Gipfel 2637 m) verbreitert; soweit diese Region vom Regen bestrichen wird, insbesondere an den Westhängen der Gebirge, ist sie – den Sinai ausgenommen – fruchtbar.

3. Den sogenannten „Syrischen Graben", eine eingebrochene Senke, die sich vom Amik-See im Norden bis zum Roten Meer – ebenso wie das Gebirge in wechselnder Höhe – zieht; er dient dem Orontes/Nahr al-Assi als Tal, setzt sich als Tal des Litani (Ursprung westlich von Baalbek, Mündung nahe Tyros) und des Jordan fort und geht dann (ab dem Jordan-Tal als Depression) in das Tote Meer, das Wadi Araba und schließlich den Golf von Aqaba über.

4. Den östlichen Hochlandstreifen, welcher im Norden niedriger ist als der westliche, aber im Antilibanon ebenfalls fast 3000 m erreicht (Hermon 2814 m) und an seinem südlichen Ende, gegenüber dem Sinai, wieder bis über 2500 m ansteigt. Dieser geht – teils steil, teils allmählich abfallend – nach Osten zu in die arabische Wüstentafel über. Auch er ist teilweise noch beregnet und fruchtbar, ebenso wie einige Enklaven in der ariden Zone: die auf der Höhe des Antilibanon östlich anschließende, vom Amana/Barada bewässerte Oase von Damaskos/Dimašq und das vulkanische Gebiet Auranitis/Hauran (Ğebel Druze, knapp 1800 m) mit dem alten Zentrum Bostra/Bosra eski Šam, etwa 100 km östlich des Tiberias-Sees.

2.11. Östliches Kleinasien und Armenien

Der östliche Teil Kleinasiens, die Übergangszone zur asiatischen Landmasse, ist gegenüber dem zentralen Kleinasien durch ein Ansteigen des Höhenniveaus insgesamt gekennzeichnet. Die an Höhe gewinnenden östlichen Züge des Taurussystems, deren Hauptrichtung ab Kilikien nach Nordosten dreht, treffen auf das Pontische Gebirge und erreichen in Armenien Höhen über 4000 m. Die östliche Grenze Kleinasiens wird in etwa von der Wasserscheide zwischen den in das Schwarze Meer und das Mittelmeer fließenden Flüssen einerseits und dem Entwässerungssystem des Euphrat andererseits gebildet, welches aber in den Räumen westlich von Taranta/Darende und Tephrike/Divriği weit nach Kappadokien hineinreicht. Sie ist dementsprechend eine vielfach gewundene Linie, die vom Golf von Iskenderun in nordöstlicher Richtung zur Mündung des Akampsis/Çoruh bei Bathys/Batum führt.

In dieser Übergangszone liegt Armenien, im Verlauf seiner Geschichte andauernd Spielball der Politik der westlich und östlich angrenzenden Großmächte und heute auf die drei Staaten Türkei, Sowjetunion und Iran verteilt, wobei Westarmenien zum engeren Bereich der byzantinischen Interessengebiete zu rechnen ist. Infolge des Zusammentreffens der pontischen, taurischen und iranischen Gebirgsketten stellt sich Armenien als ein im Norden und Nordosten von nordwestlich parallel zum Kaukasus streichenden, im Süden und Westen von westlich streichenden Gebirgen durchzogenes Hochland (durchwegs über 800 m) dar, das im Zentrum durch Lavaflächen und Vulkane (Ararat 5165 m, Aragaz 4100 m u.a.) unterbrochen, in den übrigen Zonen teils durch ausgedehnte Hochflächen, teils durch weiträumige Graben- und Beckeneinbrüche gegliedert ist, in welchen sich auch die teilweise großen und abflußlosen Seen Armeniens befinden (Thospitis/Van-See 3700 km², Matianos/Urmia-See, etwa 5000 km², Lychnitis/Sevan-See, etwa 1400 km²).

Die Beckenebenen, zum Teil Böden ehemaliger Seen, und die Täler sind fruchtbar. Die wichtigsten Flüsse sind im Westen und Südwesten der Euphrat und dessen wasserreiche Zubringer (vor allem Arsanias/Murat und Qubaqib/Tohma su), im Süden der Tigris, im Nordwesten der zum Schwarzen Meer fließende Akampsis/ Çoruh, vor allem aber der Kyros/Kura und sein Nebenfluß Araxes/Aras, heute Grenzfluß zwischen der Sowjetunion und dem Iran bzw. der Türkei, die sich südlich von Baku in das Kaspische Meer ergießen.

Infolge der starken Zergliederung (und der durchwegs ungünstigen Verkehrssituation) hat Armenien kein natürliches überregionales Zentrum, sondern entwickelte lediglich vereinzelte Zentralorte für dichter besiedelte, verkehrsmäßig zusammengehörige landschaftliche Einheiten, welche die differenzierte Geschichte Armeniens reflektieren, das nur selten zu einer Einheit von Ethnikon und Staat fand (die wichtigsten regionalen Zentren: Theodosiupolis/Erzurum, Kars, Ani, Ecmiadzin-Jerevan, Iban/Van u.a.).

Bibliographische Hinweise
Avi-Yonah 1966. – Bratianu 1969. – Bursian 1862–1872. – Cahen 1968. – Carter 1977. – Dillemann 1962.– Ducellier 1981. – Eggeling 1978. – Goehrke 1981. – Guillou 1974. – Hewsen 1979. – Hütteroth 1982. – Lepelley 1979–1981. – Markwart 1930. – Philippson 1939. – Philippson/Kirsten 1950–1959. – Ramsay 1890. – Riedl 1976–1981. – Sauerwein 1976 und 1980. – Stefano u.a. 1975. – Wirth 1971.

3. DAS KLIMA

Die klimatischen Bedingungen des byzantinischen Raumes sind entsprechend seiner Ausdehnung sehr unterschiedlich, wobei man davon ausgehen kann, daß weder während des Betrachtungszeitraumes (4. bis 15. Jh.) noch während der vorangehenden Jahrhunderte oder seit dem 15. Jh. bis heute langfristige Klimaveränderungen stattfanden. Zwar gibt es Beobachtungen, die auf Klimaänderungen schließen lassen könnten, etwa bezüglich einzelner Seespiegelschwankungen. (Als Beispiel sei der vom böotischen Kephissos gespeiste und durch Katabothren in benachbarte Seen entwässernde Kopaïs-See in Böotien genannt, welcher in der Antike bereits zeitweise künstlich ausgetrocknet werden konnte, in spätbyzantinischer Zeit für seinen Fischreichtum bekannt war, in der Frühneuzeit als Sumpf bezeichnet wurde und im 19. Jh. – vor seiner definitiven künstlichen Austrocknung – wieder sehr ausgedehnt war.) Doch lassen sich diese und ähnliche Erscheinungen mit kurzzeitigen, periodischen Klimaoszillationen erklären, wie sie auch heute im östlichen Mittelmeerraum registriert werden. Man nimmt beispielsweise an, daß die durchschnittlichen Temperaturen im Großraum Konstantinopel in der Spätantike etwa den heutigen entsprachen; auf ein leichtes Ansteigen bis um 700 folgte eine kältere Periode vom Beginn des 8. bis zur Mitte des 13. Jh.s (Gefrieren des Bosporus mehrfach belegt) und ein durch milde Winter gekennzeichneter Zeitraum von der Mitte des 13. bis zur Mitte des 17. Jh.s, worauf die Temperaturen wieder zurückgingen.

40

Hingegen zeigen neuere Beobachtungen bei prähistorischen Siedlungshügeln (türk. *hüyük*) in der Türkei, an Sedimentationserscheinungen in der Peloponnes und auf Kreta, mit allgemeineren Untersuchungen in der Sahara und im Mittelmeerraum in Verbindung gebracht, daß vor etwa 10.000 Jahren eine nachhaltige Klimaänderung begann, die sich in Schüben vollzog und kontinuierlich Erwärmung und Feuchtigkeitsrückgang mit sich brachte. So darf am Beginn der historischen Zeit bereits ein weitgehend dem heutigen vergleichbares Klima (und eine im allgemeinen der heutigen ähnliche Bodendeckenstruktur) angenommen werden.

Allgemein herrschen in den im Mittelalter dichter besiedelten Landschaften des byzantinischen Raumes Meeresklimate vor, das Schwarzmeer- und das Mittelmeerklima. Das *Mittelmeerklima*, gekennzeichnet durch sehr warme, trockene Sommer und ebenfalls warme (kaum Frost), unterschiedlich niederschlagsreiche Winter, ist für die meisten Küstenzonen des byzantinischen Raumes charakteristisch; Beispiele (im folgenden jeweils Mittelwerte der Temperatur in ° Celsius im kältesten und wärmsten Monat, sowie des durchschnittlichen Jahresniederschlages): Thessalonike 6,1°, 26,9°, 477 mm; Athen 9,2°, 27,2°, 402 mm; Naxos 12,3°, 24,7°, 391 mm; Smyrna 8,6°, 27,6°, 693 mm; Chania (Kreta) 11,5°, 24,9°, 701 mm; Rodos 12,6°, 26,6°, 651 mm; Attaleia 10°, 28,2°, 1030 mm durch ergiebige Winterregen; Adana 9,1°, 28°, 611 mm; Laodikeia/Latakya 10,7°, 26,8°, 775 mm. – Seine Wirkung ins Landesinnere reicht unterschiedlich weit und hängt stark vom Landschaftsrelief ab. Allgemein stellen die jeweils meeresnächsten Gebirgszüge Klimabarrieren dar, während breite Flußtäler (etwa in Westkleinasien) den klimatischen Einfluß des Mittelmeerraumes weiter in das Landesinnere zu tragen vermögen und Klimamischungen bewirken.

Eine Besonderheit des östlichen Mittelmeeres ist das sogenannte „*Etesienklima*", so benannt nach den Etesien (neugriechischer Name: Meltémi), den während der Sommermonate Mai bis September (Höhepunkt Mitte Juli – Mitte August) untertags mit großer Beständigkeit vorwiegend aus Nordwest wehenden trockenen Winden. Dieses Klima weist Niederschläge unter dem Durchschnitt des Mittelmeeres auf; die Etesien sind insbesondere (aber nicht nur) für den Ägäischen Raum charakteristisch, wobei die Intensität am Meer, auf den Inseln und im unmittelbaren Küstenbereich stärker ist und sich gegen das Landesinnere zu abschwächt. Charakteristisch für das Mittelmeerklima ist ein Dreierrhythmus der Jahreszeiten (Blüte und Reife März – Juni, Trockenzeit Juni – Oktober, Regenzeit Oktober – März, mit lokalen Abweichungen). – Eine Ausnahme stellen innerhalb dieses Klimas die Küsten der Adria und das Jonischen Meeres mit den vorgelagerten Inseln dar, die infolge der küstennahen Gebirge relativ hohe Niederschläge aufweisen, wie sie sonst am Mittelmeer nur in Ausnahmelagen (Attaleia!) zu verzeichnen sind (Beispiele: Zakynthos 11,2°, 26,5°, 1152 mm; Kerkyra 9,9°, 25,6°, 1137 mm).

Das milde *Schwarzmeerklima* weist hohe Niederschläge auf, die über das ganze Jahr verteilt sind und lediglich im Frühjahr und im Sommer ein wenig zurückgehen; weiters bei stets hoher Luftfeuchtigkeit geringe Temperaturschwankungen, die sich in milden Wintern (häufig Schneefall, aber kaum Frost) und mäßig warmen Sommern dokumentieren. Es ermöglicht in den schmalen, gebirgigen Küstensäumen Kleinasiens, des Kaukasus und der Krim eine intensive, den begünstigsten Mittelmeerzonen vergleichbare Landwirtschaft (Beispiele: Burgas 2,3°, 23,4°, 578 mm; Zonguldak 6°, 21,7°, 1245 mm; Rize 6,9°, 22,6°, 2441 mm).

Die binnenländischen Räume des B.R. sind durch *kontinentales Klima* (erhebliche bis extreme Temperaturamplituden bei meist geringer Luftfeuchtigkeit, Niederschläge regional verschieden) in unterschiedlicher Ausprägung gekennzeichnet, abhängig von der geographischen Lage, der Höhe, der Meeresnähe und den Gebirgsabschirmungen vom Meeresklima; hierbei ist generell ein westöstliches Ansteigen der Kontinentalität (Balkan – Zentralkleinasien – östliches Kleinasien) zu beobachten. So herrscht im Binnenland der Balkanhalbinsel mäßigkontinentales Klima mit frostreichen Wintern und Niederschlag zu allen Jahreszeiten vor, wobei sich in der Übergangszone, nach Süden (und Südosten) fortschreitend, die Tendenz zu Sommerdürre verstärkt. Dieses Klima reicht südlich bis zu den Meeresengen und nach Nordgriechenland und östlich bis zur Küstenzone des Schwarzen Meeres (Beispiele: Vidin −1,6°, 23°, 563 mm; Sofia −1,4°, 21,5°, 650 mm; Edirne 2°, 24,6°, 609 mm; Iannina 6,1°, 25,5°, 1140 mm). Im Bereich der Meerengen, insbesondere des Bosporus, stellt sich mit erhöhter Luftfeuchtigkeit, Bewölkung und Niederschlagsbereitschaft und mit geringeren Temperaturamplituden ein verstärkter Einfluß des Schwarzmeerklimas ein (Beispiel: Istanbul 5°, 24°, 667 mm).

Im Inneren Kleinasiens herrscht infolge der Gebirgsbarrieren zu den Meeren kontinentales Steppenklima mit heißen, trockenen Sommern und kalten Wintern mit geringen Niederschlägen vor. Die Kontinentalität steigert sich noch im östlichen Kleinasien und in Armenien (extreme Tages- und Jahrestemperaturamplituden, z.B. Kars max. 34,6°, min. −39,2°), wobei die Durchschnittstemperaturen infolge der stetig steigenden Höhenlage merklich sinken und meist geringe Niederschläge bei lange anhaltenden, strengen Wintern charakteristisch sind (Beispiel: Ankyra −0,2°, 23,3°, 360 mm; Sebasteia/ Sivas −4,2°, 19,7°, 413 mm; Theodosiupolis/Erzurum −8,6°, 19,6°, 430 mm).

Das südöstlich an Kleinasien anschließende obere Zweistromland weist ein deutliches Nordsüdgefälle (und ein weniger ausgeprägtes Westostgefälle) auf, welches sich nach Süden und Südosten (Binnenregionen der Levante und des arabischen Raumes) fortsetzt. Während im

Norden die – vorwiegend im Frühjahr fallenden – Niederschläge meist noch für die landwirtschaftliche Nutzung
des Bodens ausreichen, werden sie nach Süden spärlich.
Entsprechend sind die Winter im Norden zwar wärmer
als in Armenien, aber noch kalt, die Sommer hingegen
sehr heiß und trocken. Nach Süden (und Osten) werden –
bei in etwa gleichbleibenden sommerlichen Durchschnittstemperaturen – die Winter milder, wodurch sich
die extremen Jahrestemperaturamplituden des Zweistromlandes leicht abschwächen (Beispiele: Edessa/Urfa
$5°$, $31,7°$, 452 mm; Aleppo $5,9°$, $28,8°$, 360 mm; Damaskos
$7,1°$, $26,9°$, 208 mm; Palmyra $7,2°$, $29,4°$, 122 mm). Bei
einer zusammenfassenden Betrachtung des für den byzantinischen Raum typischen Klimas ist zu bedenken,
daß die Meeresküsten und die küstennahen Regionen, die
größeren Inseln und die Flußtäler, durchwegs also die
nicht oder nur wenig kontinental beeinflußten Klima-
gebiete dichter besiedelt waren, daß folglich die Meeresklimate vorzugsweise als für den Byzantiner und seine
Umwelt charakteristische Existenzbedingung zu bezeichnen sind; die stark ausgeprägte „Maritimität" des B.R.
bestätigt sich auch auf diesem Sektor.

Bibliographische Hinweise

Vgl. Literatur zu Abschnitt 2 und zusätzlich: Brooks 1950. –
Delano Smith/Parry 1981. – Hempel 1981. – History and Climate
1980. – Le Roy Ladurie 1967. – McGhee in: Wigley u.a. 1982. –
Settas 1975.

4. VERÄNDERUNG DER NATURRÄUMLICHEN BEDINGUNGEN SEIT DER SPÄTANTIKE

4.1. Erosion, Wasserhaushalt, Küstenverlauf

Wie bereits festgestellt (vgl. S. 40), erfolgten in spätantiker und byzantinischer Zeit keine grundsätzlichen klimatischen Veränderungen im Mittelmeerraum, wenngleich –
wie auch heute – mehr oder weniger kurzfristige Schwan-
kungen des Klimas, und in deren Folge des Feuchtigkeits-
haushaltes, anzunehmen sind, welche in der größtenteils
semiariden Zone, in der das B.R. angesiedelt war, Folgen
für das Relief und den Bewuchs haben konnten. So ist
beispielsweise die Gefahr einer Bodenversalzung generell
dort gegeben, wo die Verdunstung gegenüber dem Niederschlag deutlich überwiegt (etwa in den abflußlosen
Teilen Kleinasiens). Eine detaillierte Darstellung der
Unterschiede zwischen dem heutigen Naturraum und
dem der byzantinischen Zeit sowie der Veränderungen
während dieser über 1000jährigen Zeitspanne ist hier
nicht möglich, doch soll auf einige charakteristische
Erscheinungen hingewiesen werden.
An erster Stelle ist die Erosion zu nennen. Während die in
Steppengebieten zu beobachtende Winderosion – Auswe-
hung der trockenen Bodenkrume – in Kleinasien in erster
Linie eine Erscheinung des 20. Jh.s sein dürfte und mit der
neuzeitlichen Expansion der landwirtschaftlichen Nutz-
gebiete zusammenhängt, welche – ähnlich intensiver
Beweidung – dem Boden die schützende ursprüngliche
Pflanzendecke entzieht, könnte dieses Phänomen in Sy-

rien, wo die weiteste Expansion ackerbaulicher Nutzung in der Spätantike erreicht wurde, bereits als Folge der Perserkriege des 6. Jh.s beziehungsweise der islamisch-arabischen Expansion des 7. Jh.s aufgetreten sein, als Ackerbauflächen aufgegeben wurden. Diese nicht mehr bepflügten Flächen vermochten das ohnedies sehr geringe natürliche Feuchtigkeitsaufkommen nicht mehr zu speichern, da die ungelockerte Oberfläche Tau und Regen nicht aufnahm, und waren der Winderosion (aber auch der Ausspülung bei den seltenen Starkregenfällen) preisgegeben, so daß am heutigen Ostrand der kulturfähigen Zone der Levante und zum Teil bereits in der Wüstensteppe die archäologischen Reste spätantiker Villen und Dörfer als Zeugen ehemals entwickelter Landwirtschaft zu finden sind (z. B. Auranitis/Hauran).

Eine in Kleinasien, aber auch in der Balkanhalbinsel, als stark reliefierten Landschaften, weit verbreitete Erosionserscheinung ist überall dort anzutreffen, wo an Hängen, die der natürlichen Pflanzendecke durch Beackerung, Überweidung oder Entwaldung beraubt sind, im Falle der kurzen, aber ergiebigen Starkregenfälle eine flächenhafte Abspülung der Bodenkrume erfolgt (Beispiel: im Einzugsbereich der Çubuktalsperre bei Ankara im Mittel mindestens 5,7 mm/Jahr). An diesen Hängen bilden sich Rinnen, in welchen die Bodenkrume zum unteren Hangende befördert wird, wo sie teils talab weitertransportiert, teils aber abgelagert wird und wieder langsam hangaufwärts sedimentiert; so kann vom Tal her neuer Rohboden (mit der Möglichkeit, Wasser zu speichern) erwachsen. In neueren Untersuchungen (Hütteroth 1982, 86 ff.) wird der zyklische Charakter des Prozesses der Hangrinnenbildung betont und auf das Beispiel Binbirkilise (wahrscheinlich byzantinisches Barata) verwiesen, wo in römischer und frühbyzantinischer Zeit über vernarbten Hangrinnen – Folgen des Ackerbaues einer frühanatolischen Besiedlungsphase? – Ackerterrassen angelegt wurden, die dann vermutlich mit der Türkisierung ab dem ausgehenden 11. Jh. aufgegeben wurden. Insgesamt bedeutet aber das Phänomen der Hangrinnenbildung langfristig eine deutliche Reduzierung des Acker- und Weidelandes, da die Bodenregenerierung mit der Bodenzerstörung nicht Schritt halten kann, insbesondere dann, wenn nicht durch Gegenmaßnahmen (Terrassen- und Schutzmauerbau, Wasserregulierung) Abhilfe geschaffen wird.

Da in großen Teilen Kleinasiens ab der seldschukischen Eroberung (nach 1071) die (spätantiken und) byzantinischen Ackerbautraditionen mit der Aufgabe der Bodenbewirtschaftung in Vergessenheit gerieten, ist anzunehmen, daß infolge der Nichtbewirtschaftung und der stärkeren Überweidung in manchen Landesteilen in byzantinischer Zeit mehr landwirtschaftlich nutzbarer Boden verfügbar war als nach der türkischen Landnahme (bis in die Neuzeit).

Soweit sich die abgespülte Bodenkrume nicht am Hangende ablagert, wird sie beim Weitertransport von den Flüssen entweder ins Meer befördert oder vorher in Tal- und Beckenböden angeschwemmt, wobei im letzteren Fall durch jahreszeitlich bedingte Hochwässer und Überschwemmungen erhebliche Talflächen bedeckt werden. Daher ist in den Flußbetten des ägäischen Raumes und Kleinasiens mit großer Regelmäßigkeit über einer (vorsiedlerischen) Schotterschicht eine bis zu mehreren Metern starke Feinmaterialschicht abgelagert, deren Untermischung mit Scherben, Ziegelbruch und ähnlichem bezeugt, daß sie den Zeiten menschlicher Besiedlung entstammt. Diese Ablagerungen können in den betroffenen Tal- und Beckenebenen die Landwirtschaft und die Siedlungsgewohnheiten nachhaltig beeinflussen, auch die kleinräumige Verschiebung von Flußläufen bewirken.

Die jährlich ins Meer gespülten Feinerden machen bei großen Flüssen (z.B. Hermos, Mäander, Halys, Iris) jeweils bis zu 15,000.000 m^3 aus, sind aber auch bei kleineren Flüssen bedeutend und tragen zu einer fortwährenden Umgestaltung der Küstenformation und zur

Auffüllung von Buchten bei (von der auch der byzantinische Haupthafen Konstantinopels, das Goldene Horn, nicht ausgenommen ist, dessen frühbyzantinische Fundschicht zum Teil bereits unter 15 m tiefem Schlamm begraben liegt).

Am deutlichsten wird dies aber bei den großen Flüssen, die sich in den Grabensenken Westkleinasiens zur Ägäis ergießen, bei Kaïkos, Hermos, Kaystros, Mäander und Indos also. Bei ihnen ging der eigentlichen Deltabildung die Auffüllung der ursprünglich tief ins Land zurückreichenden Buchten voran. Seither schieben sich die Schwemmlandebenen, zum Teil in Deltaform, ins Meer hinaus, wie dies auch bei stark wasserführenden Flüssen in anderen Gebieten des byzantinischen Raumes zu beobachten ist; abgesehen von den europäischen Schwarzmeerzubringern sind hervorzuheben die Mündungen von: Halys und Lykos ins Schwarze Meer; Makestos ins Marmara-Meer; Nestos, Axios, Haliakmon und Spercheios in die Ägäis; Eurotas, Peneios, Acheloos, Arachthos und Kalamas ins Jonische Meer; Aoos, Shkumbini und Drin in die Adria; Kestros, Kalykadnos, Saros, Pyramos und Orontes in das Levantinische Becken.

Vor allem das Anwachsen der Schwemmlandebenen Westkleinasiens brachte in antiker und byzantinischer Zeit Probleme für die Hafenstädte mit sich, da sie vom Meer – ihrer partiellen Existenzgrundlage – durch die Verlandung abgeschnitten wurden (Milet, Priene, Ephesos, Adramyttion). Als Beispiel sei die Mündungsebene des Mäander angeführt (vgl. Abb. 4), wo die „ursprüngliche" Küstenlinie 30 km im Landesinneren, nahe dem heutigen Söke verlief, im 5. Jh. vor Christus Myus und im 1. Jh. nach Christus Priene erreichte; um 300 begann die Verwandlung der Latmos-Bucht in den Herakleia/Bafa-See, der in byzantinischer Zeit noch eine schiffbare Verbindung mit dem Meer hatte, wie eine Urkunde des Klosters Patmos von 1214 zu bezeugen scheint, während seit dem Beginn der Turkokratia der See und Milet vom

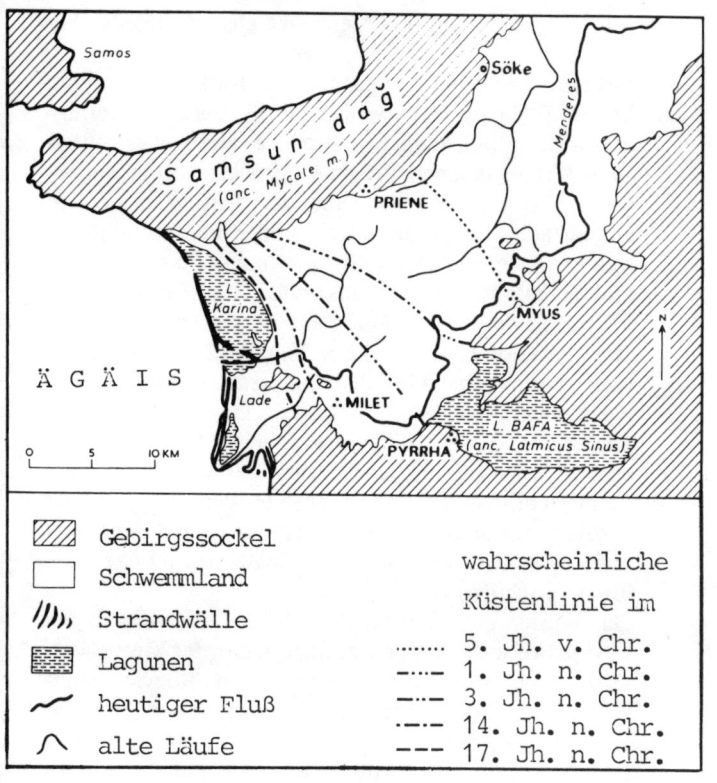

Abb. 4:
Küstenwandel im Bereich der Mäandermündung in historischer Zeit.

49

Meer abgeschnitten sind (derzeitige Distanz bereits über 6 km).

Ein ähnliches Schicksal der inneren Bucht von Smyrna konnte Ende des vergangenen Jahrhunderts nur verhindert werden, indem die Mündung des Hermos vermittels eines Kanals in einen älteren Lauf nach Norden verlegt wurde, so daß er nun nahe der spätbyzantinischen Hafenstadt Phokaia mündet. Vergleichbar, wenngleich weniger bedrohlich, sind die Mündungsdeltas von Axios und Haliakmon, welche zusammen mit den kleineren Flüssen Ludias und Gallikos eine Abtrennung der Bucht von Thessalonike (Engstelle bei Kap Bardares etwa 6 km) vom Thermaischen Golf denkbar erscheinen lassen. Weniger spektakulär sind Beispiele wie der phthiotische Spercheios, dessen stetig in nördlicher Richtung wandernde Mündung die Schiffbarkeit des Malischen Golfs beeinträchtigt und die Thermopylen – den „Engpaß" der Antike – auf bislang 7,5 km verbreitete, oder des Luros und des Arachthos, der noch in spätbyzantinischer Zeit bis Arta schiffbar war.

Das Küstenwachstum im Bereich von Flußmündungen wird teilweise dadurch ausgeglichen, daß der Meereswasserspiegel in historischer Zeit stetig steigt (die Schätzungen schwanken zwischen 1 m und 4,5 m für den Zeitraum von der Spätantike bis zum 20. Jh., wobei neuere Berechnungen eher zum höheren Wert tendieren; vgl. van Andel u.a. 1980). Unabhängig davon senkte sich die Westküste Kleinasiens (südlich von Smyrna) in den letzten 3000 Jahren um etwa 1 m, während die lykische Küste leicht angehoben wurde.

Auf künstliche Veränderungen des Wasserhaushaltes, die durch Maßnahmen des 19. und 20. Jh.s erfolgten, sei schließlich deshalb am Rande hingewiesen, weil sie die Möglichkeiten für Siedlung und Landwirtschaft regional stark verändern können und – aus historischer Sicht – das mittelalterliche Bild der Region verfälschen. Beispielhaft sei hier auf die künstliche Trockenlegung von Seen

(Kopaïs, Ezero, Boibe in Griechenland) und Sümpfen (Ebene bei Thessalonike, Küstengebiete in Mittelalbanien, Poebene) genannt, der andererseits künstliche Stauseen entgegenstehen, die zum Teil riesige Ausmaße annehmen und ganze Siedlungslandschaften überfluten (z.B. Acheloos-See in Griechenland; Keban-Projekt am oberen Euphrat, in der Türkei, mit 675 km² Flächenbedeckung).

4.2. Wald und Macchie

Schließlich sei noch auf das Problem der Bewaldung des Mittelmeerraumes in byzantinischer Zeit kurz eingegangen. Vorauszuschicken ist, daß das Landschaftsbild in Teilen Griechenlands und der Türkei bezüglich des Waldbestandes heute wesentlich günstiger ist als im ausgehenden 19. und am Beginn des 20. Jh.s. In allen Küstenlandschaften und in angrenzenden mediterranen Klimagebieten des Landesinneren dominieren mittelmeerische Hartlaubgewächse (Kermeseiche, Steineiche, Baumheide, Myrte, Johannisbrotbaum, wilder Ölbaum, Terebinthe), wobei meist Macchie (niedriger Buschwald) vorherrscht, die wohl meist erst unter menschlicher Einwirkung (Nutz- und Brennholzeinschlag) aus normalen Hartlaubwäldern degradierte. In diesem Zusammenhang erscheint charakteristisch, daß neugriech. *dasos* (altgriech. Bedeutung „Dickicht, Gebüsch") ebenso wie türkisch *orman* unterschiedslos neben der Hauptbedeutung „Wald" auch die Macchie bezeichnet (letztere byzantinisch und neugriech. *lóngos* = „Wald, Gehölz", mit slavischer Wortwurzel, häufig in Toponymen wiederzufinden). Weiters ist in dieser Zone Nadelwald (Aleppo-Kiefer, brutische Kiefer, Föhre, Zeder) verbreitet, welcher seit einiger Zeit (wie auch der Buschwald) wieder expandiert. Hierfür ist als Ursache neben massiven Rekultivierungsmaßnahmen dank ausgedehnter Neupflanzungen der Rückgang der Weidewirtschaft und des Holzbedarfs für Hausbrand (Kochen, Heizen) anzusehen. Diese beiden Faktoren dürften als Hauptgründe der Wald- und Macchienverluste in historischer Zeit zu betrachten sein, da sie unterschiedslos Hölzer *jeder* Qualität angriffen und daher die Bestände wesentlich radikaler und nachhaltiger vernichteten als etwa die Harzgewinnung oder die Holzentnahme zu handwerklichen Zwecken und für den Schiffsbau, bei der selektiv vorgegangen wurde. Dabei ist zu beachten, daß die entscheidende Klimaänderung (Aridisierung der Sahara, Semiaridisierung weiter Teile des Mittelmeerraumes), welche den Rückgang von Wald und generell Bewuchs als Schutz der Bodenkrume prädisponierte, in vorhistorischer Zeit weitgehend abgeschlossen war.

Das Ausmaß des Rückganges an Wald, Macchie und Niederbewuchs in historischer Zeit ist von regional verschiedenen Faktoren bestimmt: wechselnde Siedlungsdichte, Siedlungsverlegungen und unterschiedliche Agrarpraktiken der seßhaften Bevölkerung, Wandergewohnheiten der nomadisierenden Bevölkerungsteile, vor allem aber die Viehhaltung der letzteren, die unter den klimatischen Verhältnissen des Mittelmeerraumes in Steppen leicht zur Überweidung führen kann, wobei Ziegen der Bewuchserhaltung schädlicher sind als Schafe, da sie – insbesondere bei Dürre – auch Wurzelgeflecht annehmen. Daß schließlich eine Intensivierung holzverarbeitender Gewerbe (vgl. Kap. 5.2.), vor allem des Schiffsbaues, die küstennahen Hochwaldbestände Dalmatiens, des Großraumes von Konstantinopel, der Küsten Kleinasiens und Zyperns ebenfalls reduziert hat, ist evident (vgl. Abb 5: Bewaldete Zonen). Dies gilt besonders in Zeiten verstärkter Schiffsbautätigkeit, wie sie der Aufbau einer arabischen Flotte im 7. Jh. und die Intensivierung der Handelsschiffahrt, verbunden mit den Kreuzzügen ab dem 11. Jh. mit sich brachten.

Doch dürfte das allgemeine Bild des Naturraumes durch

die weitreichenden Bevölkerungsveränderungen in der zweiten Hälfte des 6. Jh.s (Bevölkerungsrückgang durch Pest und Sasanidenkriege), im 7. Jh. (Sasanidenkriege, arabische Eroberungen in der Levante, slavische Landnahme auf der Balkanhalbinsel) und ab dem ausgehenden 11. Jh. (türkische Eroberung Kleinasiens) wesentlich stärker geprägt worden sein, da diese Ereignisse grundlegende Veränderungen der Siedlung und der Landschaftsnutzung mit sich brachten: Aufgabe alter Ackerbaugebiete (vor allem in Syrien und in Zentralkleinasien, aber auch generell in Tallagen des byzantinischen Raumes), fallweise Erschließung neuer Ackerbaugebiete (am Balkan durch die slavische Neubesiedelung der Hanglagen und Mittelgebirge) und Einführung oder starke Vermehrung der nomadischen Viehzucht.

Die schnelle Turkisierung Kleinasiens ab dem ausgehenden 11. Jh. (abgeschlossen um 1300) dürfte wohl auch mit dem Oberflächenrelief dieser Halbinsel zusammenhängen, welches der nomadischen, stark auf Viehhaltung beruhenden Lebensweise der Türken entgegenkam. Im Vergleich dazu wurde die Balkanhalbinsel in wesentlich geringerem Ausmaß turkisiert (während dort die Landnahme der ackerbautreibenden Slaven ab dem ausgehenden 6. Jh. schnell und ohne starken Bruch in den Bodennutzungsgewohnheiten verlief).

Daß in nachbyzantinischer Zeit Holz jeder Qualität knapp und teuer war, bezeugte mehrfach der Apotheker Reinhold Lubenau, welcher sich 1587–1589 in der Türkei aufhielt; sein Bericht, aus dem man auf eine Art Holzbewirtschaftung schließen kann, spricht für sich (II 111 f.): Es wirdt auch viel Holtz aus den Geburgen dahin bracht, welches klein gespalten und in Bundlein gebunden, wirdt alhie auf einer dazu angeordneten Wage gewogen, und nach dem Gewicht verkauft, welches dem turckischen Keiser ein groses Geldt treget, und ist das zu Constantinopel und in der gantzen Turckei ein gemeiner Brauch. Daher kompt es, das wol in viel Tausent Heusern in Constantinopel kein Feur das gantze Jahr uber gemachet wirdt, auch nichtes gekochet, sondern alles aus der Gahrkuchen geholet wegen groser Theuerung des Holtzes. Und dieselben Gahrküche haben ihre eingemauerte Kessel und Pfannen, das sie uber die Massen sparsam mit dem Holtz wissen umzugehen. Es wechst auch alhie eine grose Menge, sonderlich umb Nicomedia herumb, von gewaltigen, hohen, schönen Cipressbeumen, welche alhie gefellet und nach Constantinopel gefuhret, alda gantze Gassen vol Laden seindt, da lauter Cipressenholtz von allerlei schoner Arbeit eingearbeittet wirdt, von schönen Kasten, Conturen und sonsten, so hin und wider verfuhret werden.

Bibliographische Hinweise

Vgl. Literatur zu Abschnitt 2 und 3 und zusätzlich: van Andel u.a. 1980. – Brice 1978. – Ducellier 1980. – Hütteroth 1982. – Huntington 1970. – Lombard 1958 und 1959. – Meiggs 1982. – Wagstaff 1984. – Willcox 1974.

5. ZUR MITTELALTERLICHEN AUSBEUTUNG DES NATURRAUMES

5.1. Landwirtschaftliche Bodennutzung

Da sich das B.R. zum größten Teil in der semiariden Klimazone befand, war die landwirtschaftliche Produktivität labil. Weiters wirkte sich die Gunst oder Ungunst von Relief und Boden einzelner Räume für die Agrarwirtschaft stimulierend oder abträglich aus, da hier die genutzten Möglichkeiten menschlicher Einflußnahme in byzantinischer Zeit geringer waren als in der Spätantike und wesentlich geringer als heute (aber auch heute sind in Griechenland nur etwa 30 % und in der Türkei nur etwa 20 % der Fläche landwirtschaftlich nutzbar). Sowohl in Südosteuropa als auch in den asiatischen Reichsteilen ist in nachjustinianischer Zeit mit einem Rückgang der künstlichen Bewässerung beziehungsweise der Regulierung der Gewässerläufe zu rechnen, wobei als Ursache der Bevölkerungsrückgang seit der Mitte des 6. Jh.s und die Gebiets- beziehungsweise Hoheitsverluste in der Levante und am Balkan anzusehen sind. Die neuen Bevölkerungen betrieben die traditionellen Anbau- und Bewässerungsmethoden nicht weiter, wodurch einzelne Anbaugebiete (in Syrien, Palästina, Zentralkleinasien) wieder versteppten, andere (Balkan) – hier gerade die fruchtbaren Talböden – versumpften und unbrauchbar wurden. Zwar wurden dafür am Balkan neue – vordem agrarisch nicht genutzte – Regionen (Hang- und Gebirgslagen) von flüchtenden Altsiedlern und von den (meist slavischen) Neueinwanderern erschlossen, doch war dort die Bodenergiebigkeit geringer. Dies wurde, zum Teil bereits ab der frühbyzantinischen Zeit, durch verbesserte Anbaumethoden, durch verstärkten Anbau von dem Balkan angepaßten Getreidesorten (Saathafer, Saatweizen und Roggen) und durch Praktizierung der Zwei- und Dreifelderwirtschaft (unter Einbeziehung der Brache) kompensiert (vgl. Henning 1984).

Auch im zentralen Kleinasien (Kappadokien) dürften – wie neue Terrassierungen zeigen – in zum Teil erheblicher Distanz von den Verkehrswegen, besonders in gebirgigeren Zonen Agrarräume erschlossen worden sein, die sicherlich eher mit dem größeren Schutzbedürfnis zu erklären sind, das ab dem 7. Jh. die arabischen Razzien mit sich brachten, als mit einer Bevölkerungsvermehrung. Eine neuerliche Aufgabe landwirtschaftlicher Produktionsgebiete zugunsten der Weidewirtschaft brachte in Kleinasien bekanntlich die Einwanderung der Türken ab dem letzten Viertel des 11. Jh.s mit sich (mit Ausnahmen: Emirate von Mentesche und Aïdin als Getreidelieferanten Venedigs, vgl. Zachariadou 1983, 163 ff.).

Die Agrarwirtschaft bildete aber nach wie vor das natürliche Rückgrat des Staates; sie war der mit Abstand größte Produktionszweig und dürfte in Friedenszeiten über 80 % der Bevölkerung gebunden haben, weshalb auch die städtischen Siedlungen (vor allem nach dem 6. Jh.) einen deutlich agrarischen Charakter hatten. Sie war selbst in spätbyzantinischer Zeit mit ihren Produkten am Export beteiligt (Schreiner 1982). Man darf daraus schließen, daß die Produktion, obwohl die Produktpalette in ihrer Mischung offensichtlich in erster Linie am Eigenbedarf und am Binnenmarkt orientiert war, mit bestimmten Erzeugnissen doch auch auf Fernvermarktung mit abzielte.

Nach der genannten Untersuchung produzierten die Landwirte in spätbyzantinischer Zeit im südlichen Balkanraum und in den Küstenzonen des Schwarzen Meeres und der Ägäis an Getreidesorten vor allem Weizen und

Gerste, weniger Hafer. Große Bedeutung hatten die Olive (als Baumfrucht und zur Ölproduktion) und der Wein (inklusive der für den Export bestimmten Rosinenproduktion, besonders in der Peloponnes). An Obstsorten sind geläufig: Äpfel, Birnen, Kirschen, Walnüsse und Feigen, seltener Quitten, Pflaumen, Granatäpfel, Kastanien und Mandeln. Die Kultivierung von Agrumen dürfte erst im 14. oder im 15. Jh. aus Italien übernommen worden sein (genannt werden Limonen, Zitronen und Pomeranzen), desgleichen der Reisanbau von den Osmanen. An Hülsenfrüchten sind Linsen geläufig, weiters einige Bohnensorten. – In einem Garten bei Thessalonike wuchsen nach einer Urkunde des Jahres 1404 folgende Gemüsesorten: Kohl, Porree, Karotten, Knoblauch, Zwiebeln, Lattich, Gurken, Kürbisse und Melonen. Bedeutsam war schließlich in manchen Landschaften – z.B. in der Peloponnes, in Süditalien und Südgriechenland und in der Umgebung Konstantinopels – der Maulbeerbaum als Grundlage der Seidenraupenzucht, also der Seidengewinnung, die in industriellem Maßstab unter staatlicher Kontrolle (außerhalb Konstantinopels z.B. in Theben) erfolgte (Regelungen des 10. Jh.s in der „Eparchenbuch" genannten Sammlung von Zunftvorschriften des Präfekten von Konstantinopel), sowie der Anbau von Lein (Flachs, Öl), Baumwolle und – von den Arabern übernommen – Zuckerrohr.

5.2. Holzwirtschaft

Holz jeder Qualität diente im Mittelmeerraum, soweit verfügbar, als fast ausschließliche Energiequelle für den Hausbrand und – unverarbeitet oder in Form von Holzkohle – für mehrere Industriezweige (Töpferei, Glaserzeugung, Metallverarbeitung, Zucker). In höherer Qualität wurde es in wirtschaftlich bedeutsamen Mengen vor allem für den Schiffsbau, für Haus- und Gerüstbau, für

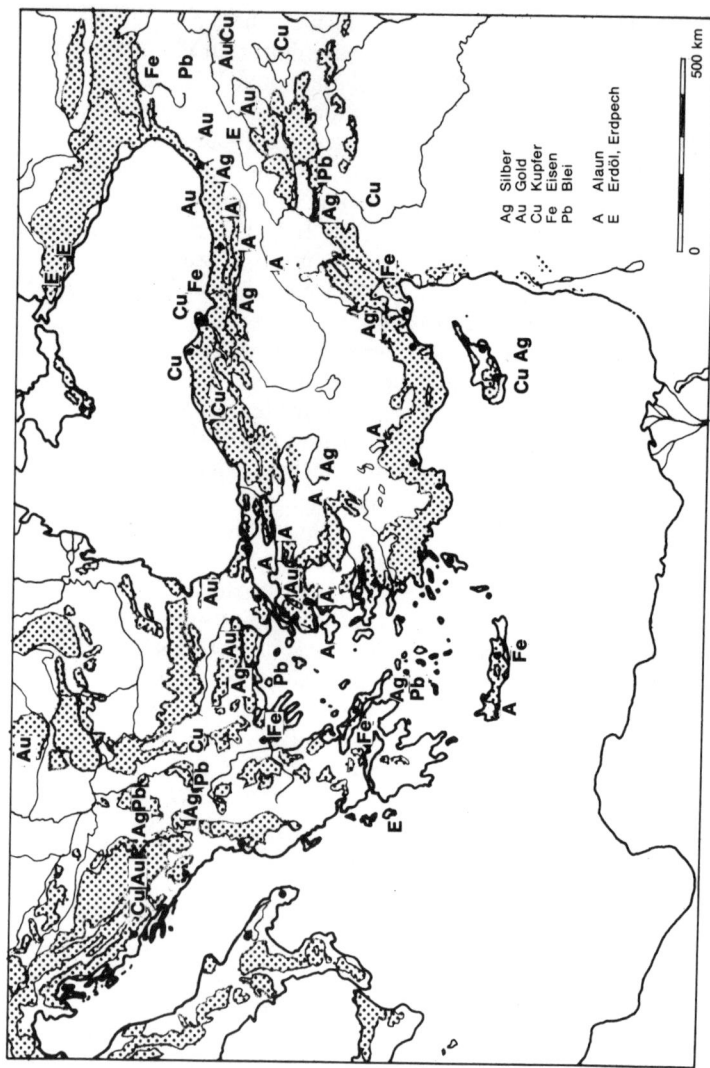

Abb. 5: Wald und Bodenschätze (größere geschlossene Waldregionen sind
durch Punktierung angedeutet).

58

die Belagerungs- und Festungsbautechnik und für die holzverarbeitenden Handwerke verwendet.

Unter den bereits angedeuteten klimatischen und natur-räumlichen Bedingungen bedeutete nahezu jedes Ausmaß an Holzentnahme eine irreversible Verringerung der Hochwaldbestände (vgl. Kap. 4.2.). Ein besonderes An-steigen der Holzverwertung erfolgte ab der Mitte des 7. Jh.s: Das Eintreten der Araber in das Mittelmeer als neue seefahrende Macht hatte nicht nur auf arabischer, sondern auch auf byzantinischer Seite eine erhebliche Steigerung der Schiffsproduktion zur Folge. Zwischen Byzantinern und Arabern erfolgte damals ein Wettrüsten ohne Ende, welches mit dem Eintreten der italienischen Stadtstaaten und – ab den Kreuzzügen – auch der anderen Mittelmeeranrainer in den Kreis der seekriegführenden Nationen eine kontinuierliche Aufwärtsentwicklung der Schiffsindustrie (und des Bedarfs an hochwertigem Holz) mit sich brachte.

Das hiefür erforderliche Holz entnahmen die Byzantiner vor allem den Waldbeständen der Schwarzmeerküsten, Südkleinasiens, Dalmatiens, Kretas und Zyperns (vgl. Abb. 5), wobei die schwierigen Transportbedingungen zu Land bewirkten, daß die küstennahen Wälder zuerst ausgebeutet wurden, um die Landwege möglichst kurz zu halten. Byzanz konnte folglich bis in die mittelbyzantini-sche Zeit auf Holzressourcen seines Territoriums zurück-greifen, während seine arabischen Nachbarn mit steigen-dem Holzbedarf bald mehr und mehr von Importen aus Algerien und Tunesien sowie von Venedig (Dalmatien) abhängig wurden, was auch zu Spannungen und Konflik-ten zwischen Venezianern und Byzantinern führte.

5.3. Bodenschätze

Die Ausbeutung der Bodenschätze des B.R. ist noch weitgehend unerforscht und bedürfte – da neue schrift-liche Quelleninformationen nicht zu erwarten sind – vor allem archäologischer Vorarbeiten. Sie unterstand in byzantinischer Zeit – in der Tradition des Römischen Reiches – einer weitgehenden Kontrolle des Staates, ohne daß man aus der Gesetzgebung – die mehrfach auf die private Ausbeutung von Funden Bezug nimmt (z.B. Basiliken 28.8.30) – auf ein dauerndes staatliches Monopol schließen könnte. Auf Abb. 5 sind, basierend auf zwei Spezialuntersuchungen (Vryonis 1962; Bryer 1982; vgl. auch Jireček 1879 und Lilie 1976) die wichtigsten, in byzantinischer Zeit ausgewerteten Lagerstätten von Metallen, Alaun und Erdöl verzeichnet. Hieraus ist die Bedeutung Armeniens evident, die nicht zuletzt auf seinen Goldlagern gründet; letztere begründen zusätzlich, warum das gebirgige Land von seinen mächtigeren Nachbarn, besonders dem Sasanidenreich und Byzanz, so umkämpft war. Ein zweites, in der Spätantike und dann erst wieder im Übergang zur osmanischen Zeit in schriftlichen Quellen bezeugtes Bergwerkszentrum ist Bosnien. Auch die Kupferminen an der kleinasiatischen Schwarzmeerküste waren von überregionaler Bedeutung.

Neben den Metallen hatten die – in spätbyzantinischer Zeit fast ausschließlich von den Genuesen betriebene – Ausbeutung und Verschiffung von Alaun erheblichen Umfang gewonnen, welcher vor allem in der Produktion und Färberei von Textilien, als Beiz- und Gerbmittel sowie in der Medizin Anwendung fand. Genua versuchte, zeitweise erfolgreich, ein Alaunmonopol zu errichten, und verschiffte den Alaun ab 1278 von den wichtigsten Produktionsstätten (vor allem Phokaia) direkt zu den großen Textilherstellern in England und in Flandern (vgl. Balard 1978, bes. 769 ff.).

Schließlich sei noch auf die – im Umfang vermutlich geringe – Ausbeutung und Verwertung von Erdöl (Erdpech, byz. *aphtha*) hingewiesen, das, soweit bekannt (vgl. Haldon–Byrne 1977), den Grundstoff für das aus Siphonen abgeschossene sogenannte „Griechische Feuer" darstellt; letzteres gab – belegbar seit 678 – in zahlreichen

Seeschlachten zugunsten der Byzantiner den Ausschlag. Weiters diente es als Insektenschutzmittel, z.B. im Weinbau (Strabon 7,5,8; vgl. Schumacher 1982). Konstantin Porphyrogennetos nennt (in De Administrando Imperio, Kap. 53) die ihm im 10. Jh. geläufigen Fundorte: Tamatarcha (Matraga, Tmutorakan) gegenüber von Kertsch am Eingang in die Maiotis (Asowsches Meer), mehrere Plätze in Zichia (an der Nordostküste des Schwarzen Meeres und in deren Hinterland), Derzene in Nordostkleinasien (heute Tercan westl. von Theodosiupolis) und ein unlokalisierbares Tziliapert (vielleicht in Georgien).

Bibliographische Hinweise
Asdracha 1976. – Balard 1978. – Bryer 1982. – Guillou 1978, XII–XIV. – Henning 1984. – Heyd 1923. – Jireček 1879. – Kaplan 1980. – Karayannopulos 1981. – Kondov 1974. – Konstantinos Porphyrogennetos 1962/7. – Lefort 1979. – Lemerle 1979. – Lilie 1976. – Lombard 1958 und 1959. – Lopez 1945. – Meiggs 1982. – Sauerwein 1976. – Schreiner 1982. – Schumacher 1983. – Sprandel 1966 und 1968. – Stefanov u.a. 1975. – Svoronos 1959. – Teall 1959. – Thiriet 1959. – Vryonis 1962. – Wagner/Pernicka 1981 und 1982. – Zachariadou 1983.

6. DIE VERKEHRSWEGE

6.1. Vorbemerkungen

Die naturräumlichen Voraussetzungen und die technischen Möglichkeiten des Verkehrs blieben im Grunde in spätantiker und byzantinischer Zeit gleich. Daraus ergibt sich, daß den Wasserwegen (der Schiffahrt), trotz der damit verbundenen Gefahren, für den Handelsverkehr und den Personentransport eine vorrangige Bedeutung zukam, da zu Schiff – trotz der zeitweise bedrohlich überhandnehmenden und im 14.–16. Jh. verheerenden Piraterie – höhere Tagesreiseleistungen vollbracht und größere Warenmengen effizient befördert werden konnten als auf dem Landweg.

Die durchschnittliche Straßenqualität war in frühbyzantinischer Zeit erheblich besser als nach dem 6. Jh., da das byzantinische Straßensystem in der Tradition des römischen stand, welches in nachaugusteischer Zeit stark ausgebaut wurde. Als ideale spätantike Straße ist eine Anlage mit festem Unterbau und Pflasterung auf zwei Wagenbreiten anzusehen (Breite von erhaltenen Straßenresten südlich von Ankyra und westlich von Aleppo z.B. jeweils 6,50 m), doch läßt sich außerhalb Italiens nicht immer sicher feststellen, welche Straßen zur Gänze oder nur abschnittweise gepflastert wurden, und für Kleinasien darf unterstellt werden, daß es wenige durchgehend gepflasterte Fernstraßen gab, die meist aus der Zeit der Flavier stammten. Auch eine Unterscheidung zwischen *via militaris* und *via publica* ist in byzantinischer Zeit praktisch nicht mehr zu treffen.

Die Straßenverläufe sind einigermaßen zuverlässig durch schriftliche, geographische (Relief, Wasserstellen), archäologische (Straßenspuren im Gelände, Meilensteine in situ, Stationsreste) und toponymische Quellen feststellbar; z.B. die Siedlungsnamen Hebdomon = VII. und Dekaton = X. (scil. Meilenstein) an der Straße Konstantinopel – Region; Prebeza und Perama (= Übergang, Furt), Kleisura (= Engpaß) usw.

Die Unannehmlichkeiten des Reisens lassen es als selbstverständlich voraussetzen, daß sie größtenteils aus einer (beruflichen) Notwendigkeit geschahen, so daß militärische Aktionen und Handel als maßgebliche Anlässe zu nennen sind, weiters – vom Aufkommen wenig bedeutend – politische Gesandtschaften u.ä. Der geringe Personenverkehr bediente sich der Handelsschiffahrt (was z.B. Georgios Sphrantzes für das 15. Jh. bezeugt) und im Nahverkehr der Ägäis wohl auch kleiner Fischerboote. – Religiös motivierte Reisen zu den heiligen Stätten Palästinas (inklusive des Sinai) gab es wohl immer, doch bedienten sie sich ebenfalls meist der Handelsschiffahrt; vor den Kreuzzügen nahm dann der Pilgerverkehr Ausmaße an, die ihn als eigene Erscheinungsform des Reisens hervortreten lassen. Erst in spätbyzantinischer Zeit läßt sich ein auf Besichtigung von Sehenswürdigkeiten ausgerichteter, dem neuzeitlichen also vergleichbarer Tourismus feststellen – z.B. Cyriacus von Ancona und Cristoforo Buondelmonti (welcher über einen zaghaften „Massentourismus" nach Delos berichtet), beide mit deutlichen antiquarischen Interessen –, doch ist er oft von Pilgerreisen nicht zu unterscheiden (Nicolao de Martoni am Ende des 14. Jh.s).

Die Reisegeschwindigleit zu Land hing nicht nur von den Geländebedingungen, sondern auch von der Länge, dem Zweck und den Begleitumständen sowie von der Fortbewegungsart ab (in frühbyzantinischer Zeit noch öfter im Wagen, ansonsten meist auf dem Reittier oder zu Fuß oder – selten – in der von Dienern getragenen Sänfte, wie die reiche Dame Danielis bei ihrem Besuch Kaiser Basileios' I. in Konstantinopel). Die Geschwindigkeit dürfte bei einer durchschnittlichen Tagesleistung zwischen 25 und 40 km gelegen haben (in Rom gerichtlich anerkannt: 20 Meilen = ca. 30 km, also die Heeresmarschleistung). Bei längeren Reisen sank die Tagesleistung infolge einzuschaltender Rasttage. Die genannte Durchschnittsleistung wird durch die Distanzen der Straßenstationen in Teilen Kleinasiens mit geringer Siedlungsdichte bestätigt (vgl. Hild 1977).

Die einschlägige Terminologie der (früh)byzantinischen Zeit entsprach der römischen: griech. *allage* = lat. *mutatio* (Wechselstation für Pferde, Esel, Maultiere), oft verbunden mit einem griech. *stathmos* oder *pandocheion* = lat. *mansio* oder *statio* (Übernachtungs- und Verpflegungsmöglichkeit). Dieses Versorgungssystem war noch im 6. Jh. entlang der Staatsstraßen (griech. *demosia strata* = lat. *via publica*) in Betrieb, wie Prokop bezeugt, und dürfte erst mit den Avaren- und Slaveneinwanderungen am Balkan beziehungsweise mit den Perser- und den anschließenden Araberkriegen in Kleinasien vernichtet worden oder verfallen sein, wobei die Vernichtung zum Teil – in den Perserkriegen Justinians etwa – durch die Byzantiner selbst erfolgte, welche dadurch dem Angreifer den Vormarsch erschwerten.

In welchem Ausmaß in mittelbyzantinischer Zeit Straßenstationen wieder eingerichtet wurden, ist schwer zu entscheiden, doch darf man aus den vorwiegend frühbyzantinischen Spolien, die in den kleinasiatischen Karavansarays (türk. *hāne*) der Seldschukenzeit mitverbaut sind, schließen, daß diese so zahlreichen türkenzeitlichen Anlagen nicht unmittelbar an mittelbyzantinische Bauten mit gleicher Zweckbestimmung anschließen, sondern daß sie zumeist über den Ruinen *früh*byzantinischer Bauwerke (darunter neben Kirchen, Klöstern und Siedlungen wohl auch Straßenstationen) errichtet wurden und daß ein regelrechtes Netz mittelbyzantinischer Straßenstationen nicht existierte. Immerhin erscheint es denkbar, daß die seldschukischen *hāne* an die Tradition jener Mischbauten anschließen, die in ihrer ältesten Form aus Herberge, Warenstapelplatz und Markt bestanden und schriftlich zumindest bis in das 10. Jh. unter dem Namen *mitaton* (von lat. *metatum*) als Unterkünfte ausländischer Händler und ihrer Waren (in Konstantinopel: Eparchenbuch) bezeugt sind. Im islamischen Bereich, besonders in Syrien und in Palästina, sind solche Bauten aus frühbyzantinischer und aus omajjadischer Zeit erhalten und werden arab. als *qaisāriya* bezeichnet, was auf frühbyz.-röm. „*kaisáreia* (scil. *agorá*)" = „kaiserlicher (?) Markt" zurückgeht und auf eine Kontinuität hinweist.

So ist vielleicht der Name der nach 372 vor den Toren von Kaisareia in Kappadokien (vgl. TIB 2, 193 ff.) von Basileios dem Großen (vgl. seinen Brief Nr. 94) erbauten *basileiás* eher in dieser Richtung zu interpretieren als in bezug auf den Stifter Basileios.

Unabhängig von den Straßenstationen dienten ab der Einrichtung der Themenordnung (s. unten 7.2.3.) bestimmte Städte und Festungen entlang der kleinasiatischen Heerstraße gegen Syrien und Armenien als Sammelplätze der Thementruppen (griech. *aplikton* von lat. *applicatus, applicare*); Konstantin Porphyrogennetos nennt im 10. Jh. (im Anhang zu De cerimoniis): Malagina, Dorylaion, Kaborkin, Kolonia, Kaisareia, Dazimon und Bathyryax.

6.2. Die Landwege

Sieht man davon ab, daß bei extremen Geländesituationen in Meeresnähe, bei gebirgigen Küstenabschnitten beispielsweise, der Bootsverkehr vorzuziehen ist, so darf man ein dem Nahverkehr dienendes Wegenetz von Ort zu Ort im byzantinischen Raum voraussetzen. Hervorzuheben sind also lediglich jene Routen, die (zeitweise) einen erheblichen überregionalen Verkehr aufzunehmen hatten und daher fallweise auch Straßenbaumaßnahmen (Bau von Straßenstationen und Brücken, Befestigung einzelner Straßenstücke, militärische Sicherung) erforderlich machten (zum folgenden vgl. Abb. 6). Diese Hauptstraßen folgten meist traditionellen, durch Relief und Siedlungslagen bedingten Routen, von welchen sie nur abwichen, wenn politische Ereignisse oder veränderte Handelsbedingungen dies erzwangen. Weiters verlief infolge der Geländebedingungen und einer weitgehenden Kontinuität zentraler Siedlungspunkte das Hauptstraßennetz ähnlich dem der Neuzeit; gravierende Änderungen des Verlaufs erfolgten im gesamten byzantinischen Raum erst seit der Mitte des 20. Jh.s, als beim Bau neuer Schnellstraßen auf das Gelände keine Rücksicht mehr genommen wurde.

6.2.1. Wichtige überregionale Straßen in Südosteuropa

Die flußbegleitenden Straßen (entlang von Donau und Save, aber auch anderer, teilweise breiter Täler, wie Vardar) vermieden sumpfige Niederungen und jahreszeitlich überschwemmungsgefährdete Talböden und wurden daher oft nicht in unmittelbarer Nähe des Flußbettes geführt. Entlang der westlichen Schwarzmeerküste verlief eine Straße von Konstantinopel zu den Donaumündungen, während die dalmatinische und die griechischen Küsten keine durchgehenden Straßen kannten. Unter den Verbindungen im Inneren sind vor allem die via militaris und die via Egnatia zu nennen.

Via militaris: Konstantinopel – Herakleia – Adrianopel – Tal der Marica/Philippopel – Serdika – Tal der Morava/Naissos – Viminacium – Singidunum und weiter entlang der Donau nach Ostmitteleuropa oder entlang der Save (Sirmium – Emona – Tergeste) nach Italien. Von Naissos führte eine Straße nach Süden, über Skopia und das

Abb. 6: Wichtige Landverkehrswege.

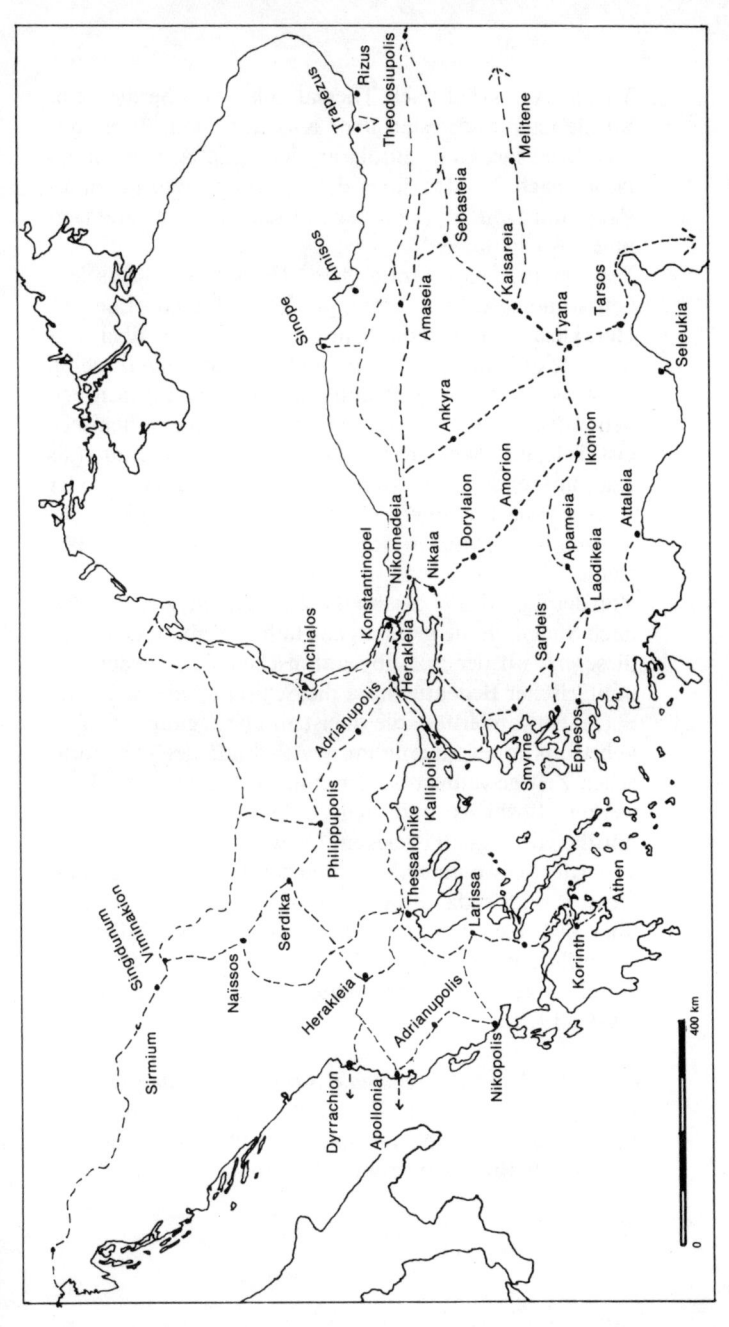

Rizus
Trapezus
Theodosiupolis
Melitene
Sebasteia
Amaseia
Kaisareia
Amisos
Sinope
Tarsos
Tyana
Ankyra
Seleukia
Amorion
Dorylaion
Ikonion
Apameia
Nikomedeia
Attaleia
Nikaia
Laodikeia
Konstantinopel
Anchialos
Herakleia
Sardeis
Adrianupolis
Smyrne
Ephesos
Philippupolis
Kallipolis
Thessalonike
Serdika
Larissa
Athen
Singidunum
Naissos
Korinth
Viminacium
Herakleia
Adrianupolis
Sirmium
Nikopolis
Dyrrachion
Apollonia

400 km

0

Vardar/Axios-Tal nach Thessalonike; von Serdica eine Straße nach Südwesten über Küstendil und Stobi nach Herakleia/Pelagonia/Bitola an der Egnatia; von Philippopel nach Norden über das Balkangebirge (Trajans-Paß) zum Donautal und nach Osten zum Schwarzmeerhafen Anchialos.

Via Egnatia: Konstantinopel – Herakleia – Kypsele – Christupolis/Kabala – Philippi – Thessalonike – Edessa – Herakleia – Lychnida/Achrida und weiter über das Skompos(Genusos)/Shkumbini-Tal nach Dyrrachion oder zum südlicheren Aulon/Apollonia; von diesen beiden Adriahäfen erreichte man zu Schiff die italienische Ostküste, insbesondere Brindisi und Hydrus/Otranto (als Endpunkte der via Appia), Bari (via Traiana) oder Ancona (via Flaminia), so daß die Egnatia die kürzeste Verbindung zwischen Rom und Konstantinopel darstellte.

Von der Egnatia (Thessalonike, Edessa) zweigten Straßen nach Süden, in die griechische Halbinsel ab, doch waren diese erst ab der mittelbyzantinischen Zeit wieder von militärischer Bedeutung, da die Schiffahrt hier nach der Slaveneinwanderung die meisten überregionalen Verkehrsfunktionen übernahm. – Am Ende der byzantinischen Zeit gewannen im Zusammenhang mit den Bergwerken Bosniens und dem bulgarischen Fernhandel nördlich der Egnatia gelegene Ostwestverbindungen zwischen der Schwarzmeerküste und der Adria an Bedeutung (etwa die „Strada ordinaria di Toplizza" von Ragusa über Niš nach Sofia), doch gehören diese Straßen im wesentlichen bereits der Türkenzeit an, weshalb auf einschlägige Spezialuntersuchungen verwiesen sei (Spisarevska 1979).

6.2.2. Wichtige überregionale Straßen in Kleinasien
In Kleinasien waren die ältesten Römerstraßen auf Ephesos ausgerichtet, die späteren auf Tarsos und auf Ankyra als Binnenzentrum. Ab dem ausgehenden 3. Jh.

erfolgte die allmähliche Umorientierung auf Nikomedeia und Konstantinopel, und in byzantinischer Zeit läuft der Hauptverkehrsstrom bis zum 13. Jh. von Nordwesten nach Südosten, wobei die Salzsteppe des Tatta-Sees nördlich oder südlich umgangen wurde. Die Heerstraße gegen die östlichen Reichsnachbarn, in Spätantike und Mittelalter gleich bedeutsam, hatte – wie fast alle wichtigen Straßen Kleinasiens – ihren Ausgangspunkt am Bosporus (Chalkedon) und führte die Südküste der Kocaeli-Halbinsel entlang nach Nikomedeia und Nikaia; weiterer Verlauf: Dorylaion – Amorion (oder: Kotyaeion – Akroinon –) Philomelion – Ikonion – südlich entlang der Vorberge des Taurus (Karadag) nach Herakleia – Podandos – Kilikische Pforte – Tarsos bzw. kilikische Ebene und weiter nach Antiocheia (mit Anschluß an die Handelsstraßen nach Aleppo und Bagdad). Die Route trug in byzantinischer Zeit den bezeichnenden Namen *oxys dromos* („Schnellweg"). Die an ihr liegenden Städte waren sämtlich Verkehrsknoten, da hier Verbindungsstraßen zwischen den Häfen des Marmarameeres und der Westküste einerseits und Zentralanatolien andererseits kreuzten, welche zum Teil den Verlauf der großen Flußtäler nutzten: Kyzikos – Prussa – Dorylaion – Ankyra; Smyrna – Sardes – (Ephesos – Laodikeia –) Akroinon – Amorion – Ankyra; Ikonion – Koloneia – Kaisareia.

Die beiden letztgenannten Orte waren Verkehrszentren, da sie im Schnittpunkt der von Konstantinopel nach Osten (Armenien, Persien, Levante) führenden Straßen und jener Nordost-Südwest-Verbindungen lagen, welche zeitweise als Karawanenwege zum Mittelmeer Bedeutung hatten. In Kaisareia trafen Straßen von Ankyra, von (Ikonion –) Koloneia, (Kilikien –) Tyana, (Aleppo –) Germanikeia, Melitene, Sebasteia und (Amisos –) Tabia (nahe Yozgat) zusammen. Sowohl von Melitene als auch von Sebasteia gab es frequentierte Routen in Richtung Armenien, welche beim Knoten Theodosiupolis die persische Karawanenstraße (nach Täbris) erreichten. Die Handelskarawanen konnten von Theodosiupolis entweder zum Schwarzmeerhafen Trapezunt oder über die genannten innerkleinasiatischen Städte zu den kilikischen oder syrischen Mittelmeerhäfen geleitet werden.

Die Bevorzugung einzelner Handelsrouten ergab sich zunächst aus der jeweiligen politischen Situation an den Meerengen, in Kleinasien, aber auch in Vorderasien. Weiters verlagerten sich die Handelszentren zum Teil bereits ab dem ausgehenden 11. Jh. (Handelsprivilegien Venedigs), besonders aber ab dem 13. Jh.: Der byzantinische Handel hat nun nur mehr geringen Umfang und Konstantinopel bleibt zwar ein bedeutender (genuesischer) Umschlagplatz, aber die Ziele der Waren liegen mehr und mehr in Italien und in Westeuropa, was die Bedeutung der genuesischen und venezianischen Kontore in den Hafenstädten des Schwarzen Meeres und der Levante erklärt, da durch möglichst frühzeitige Verladung auf die – im Spätmittelalter in wesentlich größeren Einheiten gebauten – Schiffe die Rentabilität des Handelsverkehrs merklich stieg.

6.3. Die Wasserwege

Der Transport zur See war – trotz der Piraterie und der natürlichen Gefahren – schneller und rationeller als der Landweg. Die Schiffsgeschwindigkeiten hingen von Bauart und Größe des Schiffes ebenso ab wie vom Wind und von der Qualität der Besatzung, doch wurden Tagesleistungen von bis zu 140 km zur Zeit der Kreuzzüge erreicht (z.B. 2800 km von Genua nach Akkon in drei Wochen, vgl. Ludwig 1897, bes. S. 163).

Die Schiffahrt war freilich nach Jahreszeiten unterschiedlich sicher, im Winter jedenfalls durch die Zyklone so stark behindert, daß man sie in dieser Jahreszeit weitgehend einstellte (wodurch die Inseln von Versorgungsmöglichkeiten und – politisch bedeutsam – von der Reichszentrale bzw. in der Spätzeit von ihrer italienischen Mutterstadt abgeschnitten waren).

Die Ladekapazität byzantinischer Schiffe lag vor dem 13. Jh. meist unter 100 m³ (35 RT); drei Schiffe des Klosters Patmos hatten 4, 10 und 13 RT (Gudas 1909). Doch sollen bereits einzelne Transportschiffe des Belisar im 6. Jh. bis zu 50.000 medimnoi (854 m³, 300 RT) Fassungsvermögen gehabt haben, und auch im 12. Jh. sind Schiffsgrößen von 16.000 modioi (273 m³, 96 RT) und 30.000 modioi (512 m³, 181 RT) belegt (Antoniadis-Bibicou 1966). Genuesische Schiffe kamen im 14. Jh. und 15. Jh. dann bereits auf bis zu 15.000 Minen (1585 m³, 560 RT), erreichten also die Größenordnung der Hanse-Koggen (Balard 1978).

Unter den Navigationsbedingungen von Spätantike und Mittelalter orientierte sich die Schiffahrt nach Möglichkeit an Festlandsküsten und Inseln und nahm hiefür, wie die erhaltenen Reiseitinerare und Portulane zeigen, auch Umwege in Kauf. Daneben hing der Routenverlauf im einzelnen von lokalen klimatischen und küstenbedingten Gefahren ab (z.B. Kanal von Cabo d'Oro zwischen Euböa und Andros, Kaps an den Südspitzen der Peloponnes), aber auch – auf langen Strecken – von der Trinkwasserversorgung (Bedeutung von Methone, Kreta und Zypern) und von Meeresströmungen (vgl. Kap. 2.5.); letztere spielten sicher im Bosporus und in den Dardanellen eine Rolle, wo man die Gegenströmung in Küstennähe nutzen konnte, führten vielleicht aber auch in der Ägäis zur Bevorzugung bestimmter Routen (byzantinische Inselnamen, wie Diadromoi = „Durchläufer" für die Zwillingsinseln Halonnesos und Peristera, sind möglicherweise hiemit in Verbindung zu bringen).

Während viele Hafenbuchten der Ägäis für die moderne Schiffahrt in ihren inneren Teilen zu seicht sind, war dieses Kriterium für die Schiffahrt der byzantinischen Zeit weitgehend bedeutungslos, so daß im Prinzip mehr brauchbare Häfen verfügbar waren als heute. Im folgenden seien wichtige Hafenstädte (griech. *limen, epineion* und *katabolos,* als Lehnwörter *emporion* und später auch *skala,* sowie bei kleinen Anlagen, speziell des Athos, *arsanas*) aufgezählt, wobei allgemein die Qualität des Hafens (windgeschützte Reede, Trinkwasserversorgung) und die Dimension des städtischen Marktes und des Umschlags (Anschluß an Handelsstraßen, Binnen- und Fernhandel) für die Bedeutung in byzantinischer Zeit in Betracht zu ziehen sind.

Adria und Jonisches Meer: Rausion/Ragusa, Dekatera/ Cattaro, Dyrrachion und Apollonia/Aulon (als Endpunkte der Egnatia), Buthrotos, Kerkyra, Golf von Arta, Naupaktos, Patras, Häfen des Golfes von Korinth, Zakynthos, Methone und Korone, Gytheion.

Levantinisches Becken: Attaleia, Seleukeia, Aigai/Agiya/ Lajazzo, Alexandrette, Antiocheia, Laodikeia, Famagusta/Ammochostos und Limassol/Lemesos auf Zypern, Tripolis, Berytos, Ioppe, Damiette, Pelusion und Alexandreia.

Ägäis: Christupolis/Kabala, Lemnos, Thessalonike, Golf von Bolos, Euripos, Korinth, Nauplion, Candia auf Kreta, Rodos, Ephesos, Smyrna, Phokaia, Chios, Lesbos, Adramyttion.

Marmara-Meer und Meerengen: Konstantinopel (Goldenes Horn und Häfen am Marmara-Meer), Selymbria, Raidestos, Kallipolis, Kyzikos, Kios, Nikomedeia. – Von besonderer Bedeutung die Zollhafenstädte für Konstantinopel: Abydos (Dardanellen) und Hieron (Bosporus), welche das Marmara-Meer zu einer wirtschaftlichen Sonderzone des Großraumes von Konstantinopel machten.

Schwarzes Meer: Sebastopolis, Rizus, Trapezus, Kerasus, Oinaion, Amisos, Sinope; an der Westküste vor allem Medeia, Anchialos, Mesembria und Odessos/Barna; die Hafenstädte der Krim (Bosporos/Kertsch, Theodosia/ Caffa, Soldaia/Sudak, Balaklawa/Cembalo, Cherson)

72

und die Umschlagplätze im Bereich der Mündungen schiffbarer Flüsse, welche den Handel mit Ost- und Nordeuropa förderten: Lykostomion bzw. Chilia an der Donaumündung, Akkerman/Asprokastro/Moncastro/Belgorod („Weißenburg") am Dnjestr, Cherson am Dnjepr, la Tana an der Mündung und Sarkel am Unterlauf des Don (vgl. auch 6.4.).

6.4. Mittelbyzantinische Handelswege der Waräger

Entlang des Dnjepr (Kiev) führte im 9. und 10. Jh. der berühmte, etwa 1500 km lange *put'iz varjag v greki* („Weg von den Warägern zu den Griechen"), den auch Konstantin Porphyrogennetos (in De administrando imperio, Kap. 9) beschreibt (vgl. Abb. 7). Diese Handelsroute der Waräger und Normannen – sie hatte bereits in der Antike überregionale Bedeutung, wie Herodot 4,17, bezeugt – erreichte unter Nutzung der Wasserwege Dnjepr, Lowat, Ilmen-See und Wolchow den Ladoga-See, und von hier über die Newa den Finnischen Meerbusen. Eine Abzweigung bei Witebsk führte unter Nutzung der Duna bei Riga direkt zur Ostsee.
Ähnliche Bedeutung für den Skandinavien- und Ostseehandel hatte der Wasserweg Dnjestr – Bug – Weichsel – Danziger Bucht. Der Waräger-Weg war Teil eines Flußhandelsstraßensystems, welches sich auf die nordsüdgerichteten Flüsse (außer den genannten vor allem die Wolga) und – für die Querverbindungen – auf deren Seitenflüsse stützte, wodurch die Landwege auf Minima reduziert wurden (hier zum Teil Einsatz hölzerner Schiffsbahnen).
Die zweite für Byzanz wichtige Route begann ebenfalls am Schwarzen Meer, an der Don-Mündung (Festung Sarkel) und verlief entlang der Wolga, um über Mesta oder über den Beloozero (Weißen See) ebenfalls Ladoga zu erreichen. Daneben gab es auch andere, für Mittel- und

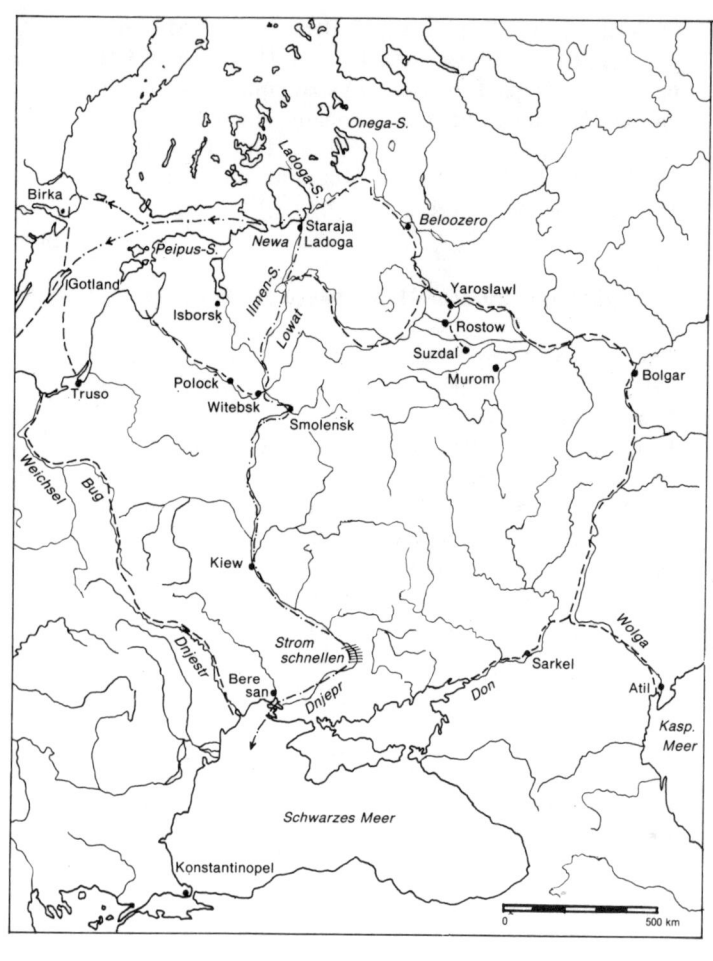

Warägerweg —·—·— andere Handelswege ————

Abb. 7: Der Warägerweg und andere Handelswege nach Norden in mittelbyzantinischer Zeit.

74

Westeuropa wichtige Handelswege, für welche als Beispiel die um 860 belegte Route Sarkel – Kiev – Krakau – Prag – Regensburg genannt sei.

Das die Flüsse nützende Handelsstraßensystem verband die Handelsplätze Nordeuropas und der Ostsee (besonders das schwedische Birka, die Insel Gotland und das dänische Haithabu) mit dem byzantinischen Raum, Rußland, dem Chasarenreich, dem muslimischen Machtbereich und selbst China, was durch zahlreiche archäologische Funde (darunter arabische Münzhorte) bezeugt ist (Ellis Davidson 1976; Lebedev 1980).

Bibliographische Hinweise

Ahrweiler 1978. – Alexandres 1957. – Asdracha 1976. – Balard 1978. – Bibicou 1958 und 1962. – Carter 1977. – Delatte 1947. – Ducellier 1981. – Eickhoff 1966. – Ellis Davidson 1976. – French 1980. – Gudas 1909. – Haussig 1981. – Hild 1977. – Huxley 1975. – Jireček 1879. – Konstantinos Porphyrogennetos 1962/7. – Kretschmer 1909. – Lebedev 1980. – Lewicki 1978. – Lopez 1957/8. – Ludwig 1897. – Micheau 1979. – Miller 1916. – Radke 1973. – Ramsay 1890. – Šašel 1977. – Spisarevska 1979. – O'Sullivan 1972. – Thiriet 1959 und 1979. – Vierck 1983. – Winfield 1977.

7. GRENZEN UND ADMINISTRATIVE GLIEDERUNG

7.1. Die Frühzeit und die justinianische Ära (4.–7. Jh.)

Das B.R. entwickelte sich fast nahtlos aus dem Römischen Reich der Spätantike, welches in seiner Verwaltungsstruktur durch die Regierungszeiten der Kaiser Diokletian (284–305) und Konstantin d. Gr. (324–337) entscheidend geprägt wurde. Beider Verwaltungsreformen und der Durchbruch des Christentums als staatlich geduldeter Religion bzw. als Staatskult unter Konstantin formen die Existenzbedingungen der Bewohner des Reiches.

Als Ergebnis der Reform gliederte sich das Römische Reich im 4. Jh. in 117 Provinzen von mäßiger Größe (ohne die frühere Unterscheidung zwischen kaiserlichen und senatorischen Provinzen), welche aus den 45 Provinzen des 3. Jh.s hervorgegangen waren und von Correctores, Consulares, Praesides oder Proconsulares als Zivilbeamten geleitet wurden. Sie waren in zwölf Diözesen unterschiedlicher Größe unter je einem Vicarius als höchstem Zivilbeamten zusammengefaßt. Die Zahl der Diözesen stieg bis zum 5. Jh. durch Teilungen auf 15.

Die höchste zivile Verwaltungsinstanz stellten die den Diözesen übergeordneten, von Praefecti geleiteten vier praefecturae praetorio dar: Oriens, Illyricum, Italia (et Africa), Galliae. Außerhalb dieser Verwaltungshoheit standen lediglich Rom und (als neues Rom) Konstantinopel, unter ihren praefecti urbi, die den praefecti praetorio gleichgestellt waren.

7.1.1. Die „Reichsteilung" und die europäischen Grenzen

Nach früheren Ansätzen zu einer Verwaltungsteilung erweist sich die Gliederung in eine westliche und eine östliche Reichshälfte, welche Theodosios I. kurz vor seinem Tod (395) vornahm, im nachhinein als definitive Trennung:

Die Präfektur Oriens (Diözesen Aegyptus, Oriens, Pontus, Asiana und Thracia) und die neu entstandene Präfektur Illyricum (Diözesen Macedonia und Dacia), wozu noch 511 die Pannonia II (nordwestlich von Sirmium zwischen Drau und Save) kommt, bilden die östliche Reichshälfte. – Der verbliebene Rest der früheren Präfektur Illyricum sowie Italia und Africa (Diözesen Illyricum Pannoniae, Italia annonaria, Italia suburbicaria und Africa) und die Präfektur Galliae (Diözesen Britannia, Gallia, Septem Provinciae und Hispania) bilden die westliche Reichshälfte (vgl. die um 410 entstandene „Notitia dignitatum").

Die kurze festländische Trennungslinie zwischen den beiden Reichsteilen – sie verlief von Sirmium entlang des Unterlaufs des Drin, dann in südlicher Richtung, und erreichte südöstlich von Dekatera die dalmatinische Küste – entwickelte sich nach dem Fall der westlichen Reichshälfte (476), endgültig dann nach der Langobardeninvasion in Italien (568) nicht nur zu einer staatsgrenzenähnlichen Abgrenzung der politischen Einflußsphären, sondern darüber hinaus zu einer religiösen, kulturellen, gesellschaftlichen und wirtschaftlichen Grenze, die bis in die Gegenwart hereinwirkt.

Die administrative Gliederung der östlichen Reichshälfte um die Mitte des 5. Jh.s gibt (mit einigen Nachträgen aus späterer Zeit) der von Hierokles um 527/28 verfaßte Synekdemos („Reisebegleiter") wieder (vgl. Abb. 8); er verzeichnet für 64 Provinzen 923 Städte und belegt eine Großraumgliederung in die sechs Eparchiai (Diözesen) *Thrakike* (Thraciae: das weitere Umland von Konstantinopel und die westliche Schwarzmeerküste samt Hinterland bis zur Donaumündung), *Illyrikon* (Diözesen Macedonia, Dacia und Pannonia II: der westlich an Thraciae anschließende Teil der Balkanhalbinsel, soweit zum Osten gehörig, mit Griechenland und Kreta), *Asiane* (Asiana: der südwestliche Teil Kleinasiens mit den Ägäis-Inseln), *Pontike* (Pontus: Nord- und Zentralkleinasien), *Anatolike* (Oriens: der Ostteil der kleinasiatischen Südküste, Zypern und die Ostküste des Mittelmeeres) und *Aigyptiake* (Aegyptus: Ägypten und Libyen bis zur afrikanischen Grenze der westlichen Reichshälfte).

Die aggressive Politik Justinians I. (527–565) bringt dem B.R. eine beträchtliche, freilich nicht anhaltende Gebietserweiterung, so daß es bei seinem Tod das gesamte Mittelmeerbecken samt Südspanien, der Meerenge von Gibraltar und der nordafrikanischen Küste (außer einem Teil Mauretaniens) umfaßt. Zwar geht ein großer Teil dieser Wiedererwerbungen binnen kurzem verloren, doch

---

Abb. 8: Die Provinzen der östlichen Reichshälfte nach
Hierokles: I Europe, II Rodope, III Thrake,
IV Haimimontos, V Mysia B, VI Skythia, VII Makedonia A,
VIII Makedonia B, IX Thessalia, X Hellas, XI Krete,
XII Palaia Epeiros, XIII Nea Epeiros, XIV Dakia Mesogeios,
XV Parapotamia Dakia, XVI Dardania, XVII Praibalis,
XVIII Mysia A, XIX Pannonia, XX Asia, XXI Hellespontos,
XXII Phrygia Pakatiane, XXIII Lydia, XXIV Pisidia,
XXV Lykaonia, XXVI Phrygia Salutaria, XXVII Pamphylia,
XXVIII Lykia, XXIX Nesoi, XXX Karia, XXXI Bithynia,
XXXII Honorias, XXXIII Paphlagonia, XXXIV Galatia A,
XXXV Galatia Salutaria, XXXVI Kappadokia A, XXXVII
Kappadokia B, XXXVIII Helenopontos, XXXIX Pontos
Polemoniakos, XL Armenia A, XLI Armenia B, XLII Kilikia A,
XLIII Kilikia B, XLIV Kypros, XLV Isauria, XLVI Syria A,
XLVII Syria B, XLVIII Euphratesia, XLIX Osroene,
L Mesopotamia, LI Phoinike, LII Phoinike Libanesia,
LIII Palaistine A, LIV Palaistine B, LV Palaistine C,
LVI Arabia, LVII Aigyptos, LVIII Augustamnike A,
LIX Augustamnike B, LX Arkadia, LXI Thebaïs Engista,
LXII Thebaïs Ano, LXIII Libye Ano, LXIV Libye Kato
(LXI und LXII südlich des Kartenausschnittes im Niltal).

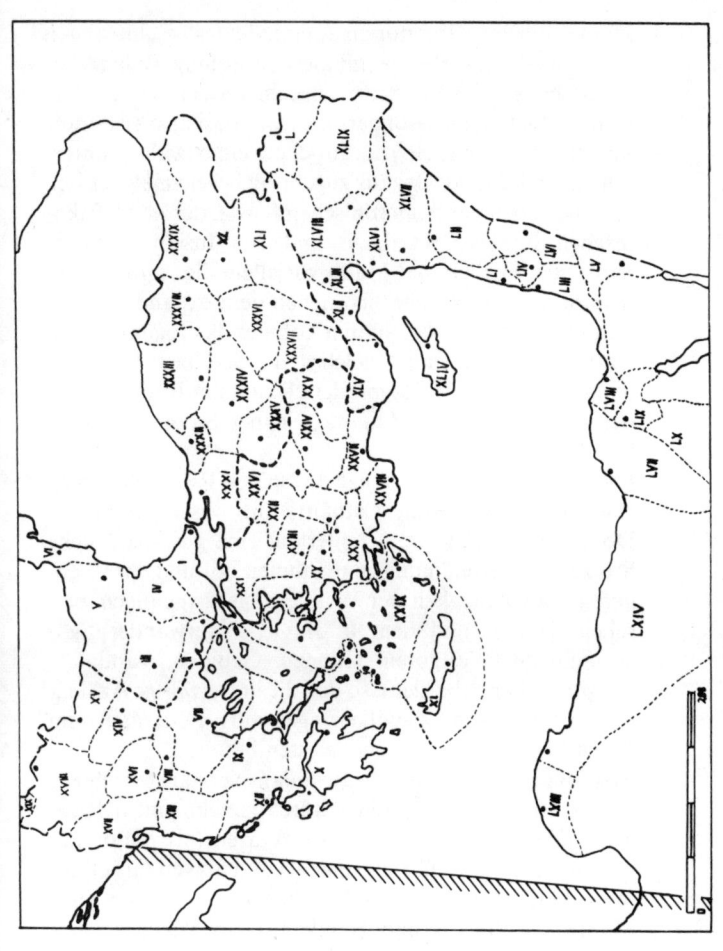

können einzelne Territorien außerhalb des geschlossenen byzantinischen Gebietes (mindestens nominell) dank der Überlebensfähigkeit des oströmischen Reiches, die in der Epoche Justinians besonders hervortritt, sich aber weiterhin bis in die mittelbyzantinische Zeit bewährt, unterschiedlich lange als Byzanz zugehörig bezeichnet werden. Hier ist neben der dalmatinischen Küste, der nordafrikanischen Enklave Karthago und den Inseln Korsika, Sardinien, Sizilien und Malta vor allem die *Italia byzantina* zu nennen, welche sich neben dem expandierenden Langobardenreich behaupten konnte: das Exarchat, benannt nach Ravenna, welches durch einen Korridor entlang des Tiber-Tales mit dem Raum um Rom verbunden ist, die venetische Lagune, Neapel, Sipontum, Apulien und Kalabrien.

Die europäische Nordgrenze des späten Römischen Reiches folgte in dessen Osthälfte im wesentlichen der Donau, welche in ihrem Unterlauf eine gute natürliche Stütze von Verteidigungsmaßnahmen bot und ein Regulieren oder Ablenken der Wanderungsbewegungen zwischen dem 3. und dem 6. Jh. („Völkerwanderung") ermöglichte (Westgoten, Hunnen, Gepiden, Vandalen, Ostgoten, Langobarden), so daß die unfreiwillige Ansiedlung barbarischer Bevölkerungen (als Föderaten) im Reichsgebiet vor allem den Westen betraf.

Erst ab dem Ende der Ära Justinians verstärkte sich der Druck auf die Donaugrenze durch zunehmend heftiger werdende Plünderungszüge von Avaren (als politischer und militärischer Führungsmacht) und Slaven (als ethnischer Majorität), welche schließlich zur Zeit der Kaiser Maurikios, Phokas und Herakleios, ab 582 (avarische Eroberung von Sirmium) bis um 640, zur slavischen Landnahme in der Balkan-Halbinsel führten. Die Avaren, deren politisches Zentrum in Pannonien lag, stießen bis ins Reichszentrum vor (Belagerung Konstantinopels 626 als ein Höhepunkt) und bewirkten, daß die byzantinische Hoheit auf der Balkanhalbinsel im 7. Jh. auf die

Küstenzonen mit unterschiedlich breitem Hinterland reduziert wurde. Das Binnenland, insbesondere die gebirgigen Landschaften, wurde bis in die Süd-Peloponnes von Slaven besiedelt, die – soweit erkennbar – über eine Stammesgliederung hinaus keine politische Organisation entwickelten, was ihre spätere Eingliederung in das B. R. erleichterte (Gebiete der *Sklabiniai*, der Slaventerritorien).

7.1.2. Die Ostgrenze

Im Gegensatz zur Grenze zwischen den beiden Reichshälften kennzeichneten die anderen Grenzen in frühbyzantinischer Zeit großteils den Übergang zur „Nicht-Oikumene". Zwar führten Handelswege in diese Gebiete hinein (und weiter nach Indien, Ostasien und Äthiopien), doch hatten die Byzantiner einen organisatorisch und kulturell gleichwertigen Partner bzw. Kontrahenten lediglich im sasanidischen Perserreich, welchem das islamisch-arabische Imperium chronologisch fast nahtlos folgte, wenngleich die Anerkennung einer Äquivalenz der Beziehungen zwischen Byzanz und dem Kalifat auf sich warten ließ. Die politischen Grenzen waren im Osten in der Zeit der Sasaniden lediglich bezüglich einzelner umstrittener Provinzen oder Grenzlandschaften unstabil – ein definitiver Durchbruch zum Mittelmeer gelang den Persern trotz der Eroberung Antiocheias 540 nie –, doch wurden diese Zonen insbesondere unter den Kaisern Julian, Anastasios, Justinian I. und Herakleios hartnäckig umkämpft.

Im 6. Jh. verlief die Ostgrenze in nordsüdlicher Richtung etwa von Lazika am Schwarzen Meer über Theodosiupolis, Dara und Nisibis zum Euphrat (Circesium). Von hier zog sich eine punktuell befestigte Grenzlinie gegen arabische Stämme, die teils unter sasanidischer (Lachmiden), teils unter byzantinischer (christliche Ghasaniden) Oberhoheit standen, östlich von Palmyra, Damaskos, Bostra und Aila zum Roten Meer. In wechselndem Besitz waren vor allem Lazika, das 387 geteilte Armenien, östlich des

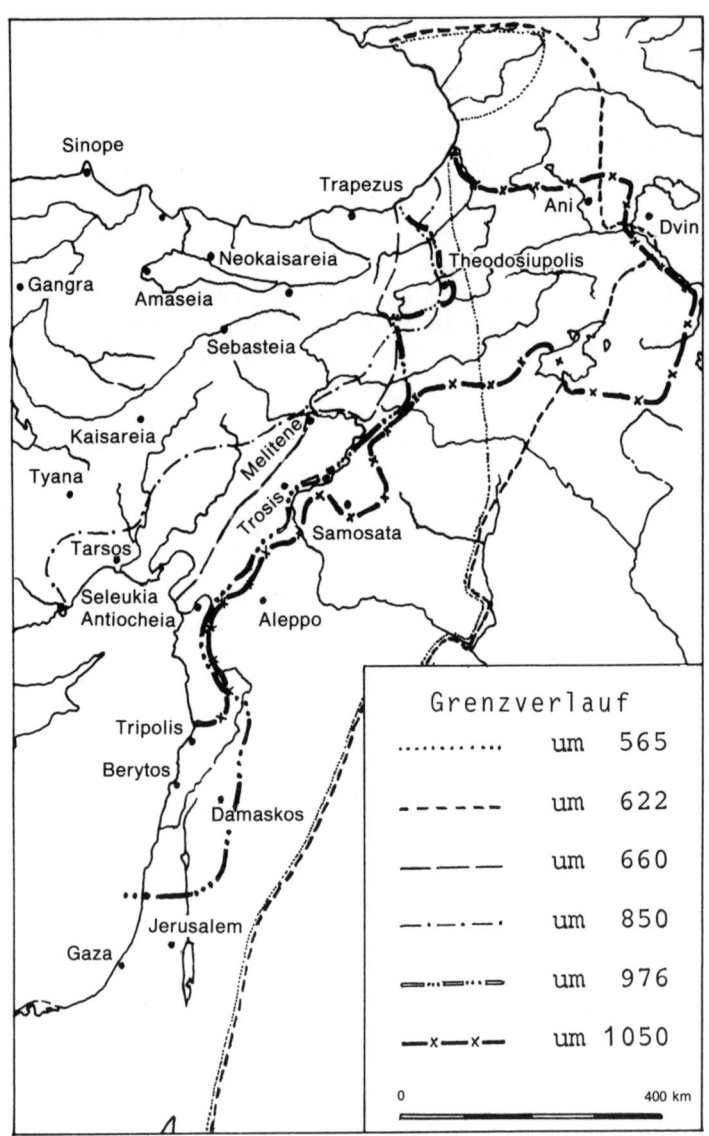

Abb. 9: Die Ostgrenze vom 6. zum 11. Jahrhundert.

Euphrat Mesopotamia, Osroene und Euphratensis mit den Festungen Amida/Diyarbakir, Dara (Anastasiupolis) und Nisibis (vgl. Abb. 9).

7.2. Neue Grenzen und Verwaltungsreform (7.–11. Jh.)

7.2.1. Die Ostgrenze

Wenige Jahre nach der Beendigung der Perserkriege des Herakleios (629/30) wurden das B.R. und das Perserreich durch die im eben erst entstandenen Islam geeinten Araber angegriffen. Während das Perserreich letztlich im Kalifat aufging, verlor das B.R. Syrien (633–636), Palästina (635–640) und Ägypten (639–642; Alexandreia endgültig 645), am Ende des 7. Jh.s zusätzlich Teile Armeniens und Kilikiens (692) sowie das bereits seit längerem isolierte Exarchat Karthago (698), wodurch die politische Islamisierung Nordafrikas (Ifriqiya) vollzogen und die Eroberung Siziliens (827–902) vorbereitet wurde. Ab der Mitte des 7. Jh.s wird durch diese kriegerischen Ereignisse die ziemlich klare Grenzlinie der frühbyzantinischen Zeit durch eine breite, zum Teil verwüstete und weitgehend entvölkerte Grenzzone im Bereich von Taurus, Antitaurus und oberem Euphrat ersetzt, die sich bis nach der Mitte des 10. Jh.s insgesamt wenig veränderte, wenngleich sie oft durchbrochen wurde (vgl. Abb. 9). Diese Grenzzone, arab. *thugur,* griech. *akra,* speziell aber die *kleisurai* („Engpässe"), wurde auf byzantinischer Seite von den „Akriten", auf arabischer Seite von den Ġāzis (von arab. *ġazwa* = Überfall, Beutezug) bewacht, wobei durch regelmäßige Plünderungszüge das jeweils gegnerische Gebiet terrorisiert wurde.

Neben diesen häufigen (zeitweise jährlichen) Kriegszügen, welche die Araber tief nach Kappadokien führten, aber keine Territorialgewinne zum Ziel hatten, stehen bis an den Anfang des 8. Jh.s größere Feldzüge, welche für das B.R. zum Teil auch existenzbedrohend waren (insbesondere Belagerungen Konstantinopels zwischen 674 und 680 von Kyzikos im Marmara-Meer als festem Stützpunkt aus und neuerlich 717/18).

Wenngleich an der Ostgrenze keine undurchlässigen Verteidigungslinien nach Art eines Limes aufgebaut werden konnten, um wenigstens schwächere Angriffe abzuhalten, so wurde doch ein Signalsystem eingerichtet, ähnlich denjenigen, welche bereits die Antike (entlang von Limes-Grenzen) kannte. Einfache Nachrichten, Warnungen und Alarme konnten durch Feuerzeichen von Relais zu Relais (Türme oder ähnliche Signalbauten in optisch günstigen Geländepositionen) rasch weitervermittelt werden. Für die mittelbyzantinische Zeit berichten mehrere Quellen (Theophanes continuatus, Konstantin Porphyrogennetos, Ps.-Symeon, Johannes Skylitzes) übereinstimmend, es habe einen Feuertelegraphen zwischen der Ostgrenze und Konstantinopel gegeben, um Kleinasien und das Reichszentrum vor arabischen Überraschungsangriffen warnen zu können. Die Verständigung zwischen den beiden Endpunkten – bewerkstelligt durch Signalfeuer auf hochgelegenen Relais – dauerte nur etwa eine Stunde, wobei angeblich die Tageszeit der Signalübermittlung den Informationsinhalt spezifizierte (letzteres nach Aschoff 1980 unmöglich).

Die schriftlichen Quellen nennen folgende neun Signalstationen: Lulon – Argaios – Isamos – Aigilon – Mamas (Olympos) – Kyrizos – Mokilos – Auxentios (Skopos) – Pharos. Mit Ausnahme der ersten und der letzten Station handelt es sich um Namen von Berggipfeln. Von den neun Stationen können wir jeweils die beiden ersten und letzten sicher lokalisieren: Lulon ist eine wichtige Grenzfestung an der nördlichen Taurus-Flanke, etwa 30 km nordnord-

Abb. 10: Das Feuersignalsystem zwischen Tauros und Konstantinopel in mittelbyzantinischer Zeit (jeweils zwei Pfeile zwischen den quellenmäßig bezeugten Stationen sollen weitere Stationen dazwischen als wahrscheinlich andeuten).

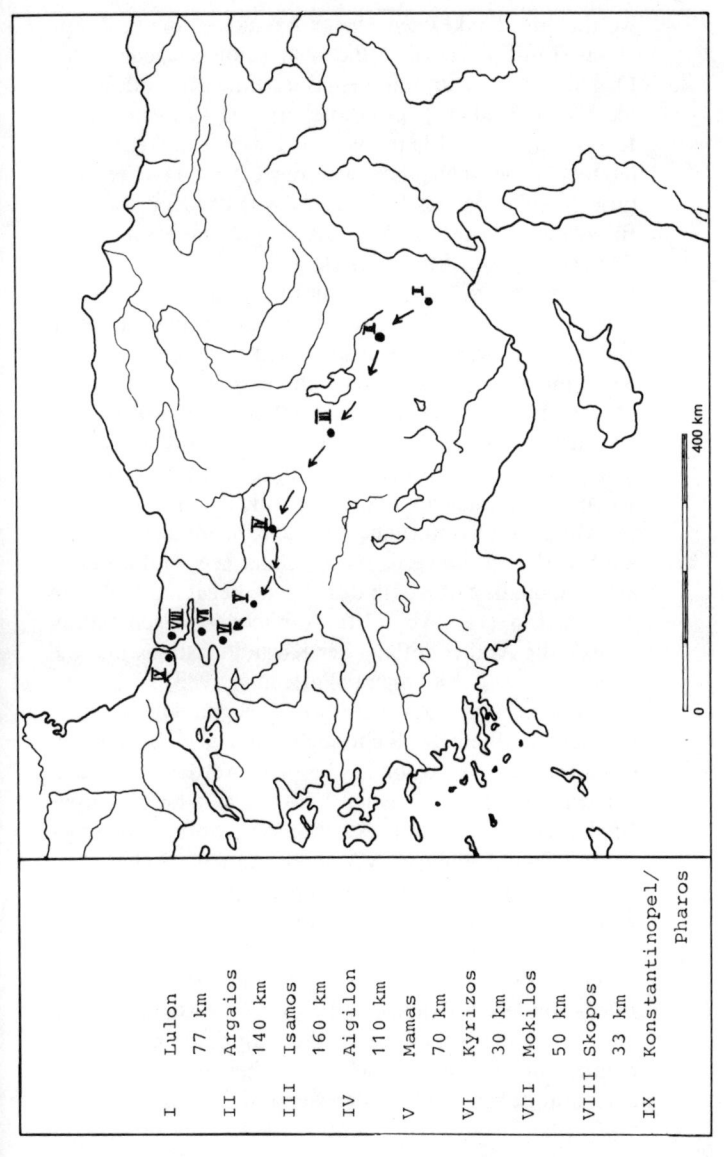

I	Lulon	77 km
II	Argaios	140 km
III	Isamos	160 km
IV	Aigilon	110 km
V	Mamas	70 km
VI	Kyrizos	30 km
VII	Mokilos	50 km
VIII	Skopos	33 km
IX	Konstantinopel/	
	Pharos	

0 _____ 400 km

westlich der Kilikischen Pforte; Argaios ist der in knapp 80 km (Luftlinie) nordwestlich von Lulon gelegene Hasan Dag mit der byzantinischen Burgruine Keçikalesi; der Skopós („Späher") genannte Auxentios-Berg (heute Kayiş Dag) liegt 12 km südöstlich von Chalkedon; die letzte Station schließlich war die offene Dachterrasse (griech. *heliakós*) des Leuchtturmes (Pharos) östlich des Bukoleon-Palastes in Konstantinopel, in etwa 33 km Entfernung vom Auxentios-Berg.

Von den etwa 670 km (Luftlinie) zwischen Konstantinopel und der Kilikischen Pforte sind damit aber nur etwa 140 km sicher verfolgbar. Für die auf Berggipfeln gelegenen fünf Zwischenstationen gibt es nur Vermutungen über mögliche Lokalisierungen (Ramsay 1890): Isamos westlich des großen Salzsees (nahe dem heutigen Böğrüdelik), Aigilon südöstlich von Dorylaion (nahe heutigem Kaymaz), Mamas an einem südöstlichen Ausläufer des bithynischen Olymp (nahe heutigem Bozöyük), Kyrizos am Katirli dağ südwestlich des Nikaia-Sees und Mokilos am Samanli dağ oberhalb des Hafens Pegai am Golf von Nikomedeia (vgl. Abb. 10). Ähnliche Anlagen hatten damals die Araber entlang der Küste Palästinas und die Russen entlang des Dnjepr (Pattenden 1983).

Um gesichertere Aussagen über die Signalfeuerkette zu machen, müßten die Sichtmöglichkeiten zwischen den (hypothetischen) Stationen überprüft werden, vor allem bei den Strecken mit einer Länge von erheblich über 100 km (Argaios – Isamos – Aigilon), wo bereits ungenannte Zwischenglieder vermutet wurden (Bréhier ND 1970, 269), da die größte – nur unter optimalen Sichtverhältnissen bei Nacht erreichbare – Sichtweite von 2 bis 3 m hohen Holzstößen bei etwa 120 bis 140 km liegt (Aschoff 1980).

Ein besonders bedeutsamer Faktor im Zusammenhang mit dem arabischen Druck auf die Ostgrenze und darüber hinaus auf die byzantinische Seehoheit ist der Aufbau einer arabischen Flotte ab den vierziger Jahren des 7. Jh.s, welcher noch im 7. Jh. zur zeitweiligen Eroberung Zyperns und mehrerer wichtiger Ägäis-Inseln führte (Rodos, Kos, Chios). Hierdurch war die Hegemonie der byzantinischen Flotte im östlichen Mittelmeer beendet und in der Ägäis zeitweise – besonders während der Besetzung Kretas durch spanische Araber (um 825–961) – zumindest in Frage gestellt, was zahlreiche Piratenzüge zur Folge hatte (Höhepunkt: Eroberung und Plünderung Thessalonikes im Juli 904).

7.2.2. Die europäischen Grenzen

Von der Entwicklung Mittel- und Westeuropas blieb das B.R. nicht zuletzt infolge der weiträumigen Pufferzonen der „Sklabiniai" weitgehend unberührt, sieht man vom Zusammenbruch des Exarchats in Italien mit der lango-bardischen Eroberung Ravennas (751) ab. Doch drang das Turkvolk der Bulgaren, von seinen Siedlungsgebieten an der unteren Wolga nach 640 durch das Volk der Chazaren verdrängt, entlang der nördlichen Schwarz-meerküste zur Donau vor und überschritt den Strom in den späten 670er Jahren. Nach einem militärischen Mißerfolg schloß Kaiser Konstantin IV. 681 einen Frie-densvertrag mit den Bulgaren, welcher die Anerkennung ihres Staates auf Reichsboden bedeutete. Bulgarische Hauptstadt war Pliska, ab etwa 893 Preslav; das bulgari-sche Reich erstreckte sich fürs erste über einen bis an die 250 km breiten Streifen beiderseits der unteren Donau, wodurch die byzantinische Nordgrenze zunächst zwi-schen Odessos am Schwarzen Meer und Serdika verlief, doch mußte Byzanz am Beginn des 9. Jh. (nach der Niederlage gegen Zar Krum 811) Gebietsverluste in Thrakien und nach der Mitte des 9. Jh. in Makedonien hinnehmen. Unter Zar Symeon (893–927) erreichte das bulgarische Reich in Epirus, zwischen Dyrrachion und Cheimara, die Adria.
Während Bulgarien in den makedonischen (und weiter nördlich in den serbischen) Sklabiniai expandierte, gelang

dem B.R. zwischen dem Ende des 7. und dem Beginn des 9. Jh.s (Feldzug des Staurakios 783) die Rückeroberung und Eingliederung der Sklabiniai im Süden der Balkanhalbinsel, vor allem aber in Griechenland.

7.2.3. Administrative Neuordnung und Rückgewinnung von Territorien

Vorwiegend als Reaktion auf die Einbrüche in das Reichsgebiet in nachjustinianischer Zeit darf die Entwicklung der Themen interpretiert werden, eine militärische Neuordnung, die allmählich mehr und mehr die Kompetenzen der Zivilverwaltung übernahm und schließlich die Provinzialverwaltung ablöste, wodurch sie allerdings am Ende ihre militärische Effizienz verlor. Das Wort „Thema" meint in diesem Zusammenhang ursprünglich etwa „militärische Stammrolle", dann den in dieser protokollierten Truppenkörper und in der Folge das Territorium dieses Truppenkörpers (als nahe dem Operationsgebiet gelegene Basis und zugleich als Siedlungsgebiet der Soldaten), um später einfach den Begriff Provinz zu ersetzen. (Vergleichbar ist der Bedeutungswandel von latein. *limes* = „Grenze", „Grenzabschnitt", welches nach dem 3. Jh. über „Grenzbezirk" insbesondere in Ägypten und Nordafrika die allgemeinere Bedeutung „Kommandobezirk" auch für nicht grenznahe Regionen annehmen konnte; vgl. Notitiae Dignitatum 58, 174 f., 184–187 Seeck.)

In die Richtung der Themenordnung weisende Maßnahmen will man sowohl in temporären Zusammenlegungen der militärischen und zivilen Hoheit in einzelnen Gebieten unter Justinian I. als auch in der Schaffung der (von einem *exarchos* = Statthalter geführten) „Exarchate" Ravenna (bis 751) und Karthago (bis 698) sehen, der Zusammenfassung der Byzanz verbliebenen Restterritorien in Italien und Afrika zur Zeit des Kaisers Maurikios (582–602). Die ersten Themen entstanden in Kleinasien um die Mitte des 7. Jh.s, als vielleicht noch Herakleios (610–641), eher aber Konstans II. (641–668) als Folge der arabischen Eroberung Armeniens und der ehemaligen Diözesen Anatolike (=Oriens) und Ägypten die vordem dort stationierten Armeen in Kleinasien neu installierte und zusätzlich europäische Truppen über die Meerengen verlegte, um neue Verteidigungsräume aufzubauen. So entstanden zunächst die Themen Anatolikon (des ehemaligen exercitus Orientalis unter dem magister militum per Orientem, vorher in Syrien) im südlichen Zentralkleinasien, Armeniakon (des exercitus Armenianus unter dem magister militum per Armeniam) in Nordostkleinasien, Opsikion (=latein. Obsequium, exercitus der drei magistri militum praesentales) in Nordwestkleinasien und Thrakesion (des exercitus Thracianus unter dem magister militum per Thraciam) in Südwestkleinasien. Zur Sicherung des europäischen Vorfeldes der Hauptstadt (gegen Slaven und den kurz zuvor entstandenen bulgarischen Staat), das nach dem Abzug des exercitus Thracianus nach Thrakesion geschwächt war, dürfte bald nach 680 das Thema Thrake entstanden sein, schließlich um 695 das Thema Hellas, dessen Operationsgebiet anfangs die gesamte griechische Ostküste samt Hinterland und den vorgelagerten Ägäis-Inseln war.

Die Notwendigkeit, der immer stärker werdenden arabischen Flotte entgegenzutreten, wurde angesichts der arabischen Belagerung Konstantinopels handgreiflich demonstriert; sie führte noch im 7. Jh. zur Zusammenfassung der byz. Marineeinheiten zur „Flotte der Karabisianer" (von griech. „karabi" = Schiff). Die Einbindung der Marine in das Themensystem dürfte erst im 8. Jh. (vor 743/744?) erfolgt sein, als das erste Flottenthema Kibyrraioton (benannt nach der Stadt Kibyra an der Südküste Kleinasiens) durch Abtrennung von Anatolikon entstand (vgl. Gregoriu–Ioannidu 1982).

Bis zur Mitte des 8. Jh. läßt sich die überkommene Provinzialgliederung neben den Themen nachweisen, ab dann übernehmen letztere nach und nach die zivilen

Verwaltungsfunktionen. Parallel dazu kann man beobachten, daß die frühen Themengründungen der Rückeroberung oder Konsolidierung eines Gebietes vorangehen
(etwa Hellas, wo die Unterwerfung der Sklabiniai im
Landesinneren Aufgabe des Themas war); die späteren
Themen entstanden oft durch Teilung der nunmehr
übergroß gewordenen ursprünglichen Themen, deren
militärische Machtansammlung dem Kaisertum gefähr-
lich werden konnte, oder durch die Anhebung von
kleineren Militär- und Grenzdistrikten (griech. Turma,
Kleisura) nach deren Wiedergewinnung für Byzanz. So
signalisiert die Gründung eines Themas im 7. und 8. Jh.
eher das gesteckte Operationsziel, ab dem ausgehenden
8. Jh. die neu erworbene Reichweite der byzantinischen
Macht.

Auch die Namengebung der Themen wandelt sich: Trugen die kleinasiatischen „Urthemen" die Namen der
dorthin verpflanzten Armeen, so trugen die ersten europäischen Themen traditionelle Landschaftsnamen (Thrake, Hellas, Makedonia etc.), was in Kleinasien später und
seltener der Fall war (z.B. Paphlagonia, Kappadokia).
Die späteren, meist bereits kleineren Themen trugen
bevorzugt den Namen ihrer Hauptstadt (Nikopolis,
Thessalonike, Seleukeia, Sebasteia u.a.) – dieser Namens-
typus dominiert dann bei den komnenenzeitlichen
Themen –, fallweise aber auch von Flüssen (Strymon,
Paristrion, Mesopotamia) oder Völkern (Longibardia,
Bulgaria, Iberia) abzuleitende Namen.

Während Byzanz im 9. Jh. (Kämpfe Basileios' I. im Raum
Tephrike, Melitene und Samosata) und in der ersten
Hälfte des 10. Jh.s (Johannes Kurkuas am Euphrat) trotz
mancher Angriffe auf arabisches Gebiet vor allem um
eine Konsolidierung diesseits des Euphrat bemüht war,
gelang unter Nikephoros II. Phokas (963–969) und
Johannes I. Tzimiskes (969–976) die Expansion nach
Kilikien und Nordsyrien (Eroberung Antiocheias 976).
Sie setzte sich im 11. Jh. mit teils kriegerischen, teils

diplomatischen Mitteln fort; im Raum von Aleppo wurde 1031 Edessa erobert, und zu dem nach 1000 gewonnenen iberischen Kars kamen 1021 Vaspurakan und 1045 Ani hinzu, wodurch allerdings die gebirgige Ostgrenze erheblich verlängert wurde.

Die Entwicklung am Balkan ist zwischen dem 9. und dem 11. Jh. durch die Auseinandersetzung mit den Bulgaren und durch den Wandel der Sklabiniai gekennzeichnet. Letztere wurden entweder in einen der beiden bestehenden Staaten Byzanz und Bulgarien einbezogen oder entwickelten sich langsam zu staatenähnlichen Verbänden, schließlich Kleinstaaten, deren politische Struktur die Stammes- bzw. Gauorganisation wohl endgültig durchbrach.

So entstand am Beginn der Regierungszeit Basileios' I. an der dalmatinischen Küste das Thema Delmatia, in dessen gebirgigem Hinterland die dort ansässigen Slaven (Diokleianer, Terbuniotai, Kanalitai, Zachlumioi, Serbloi, Arentanoi) die byzantinische Oberhoheit anerkannten. Mit dem nunmehr christianisierten Bulgarien (865/66 Taufe des Zaren Boris von Konstantinopel aus) unter dem am byzantinischen Kaiserhof erzogenen Zaren Symeon (893–927) führte Byzanz ab 913 einen verzweifelten Krieg, in dem Symeon, der die Kaiserkrone anstrebte, bis Thessalonike, Dyrrachion und Korinth vorstieß und zweimal zur Belagerung Konstantinopels ansetzte (913, 924). Auf eine Friedensperiode nach Symeons Tod folgte die Vernichtung des ersten bulgarischen Reiches durch Nikephoros Phokas unter entscheidender Mitwirkung der Russen unter Svjatoslav, der seinerseits bulgarisches Territorium für sich zu behalten suchte und 971 von Johannes Tzimiskes bei Silistria zur Kapitulation gezwungen wurde. 976 entstand als Folge der Revolution der „Kometopuloi" (Söhne des Komes Nikolaos) ein westbulgarisch-makedonisches Reich (Hauptstädte Prespa, dann Ochrid), welches zur Zeit seiner größten Ausdehnung unter Samuel wieder von der Adria bis zur

Donau und im Süden bis nach Mittelgriechenland reichte und von Basileios I. in langen Kämpfen (991-1018) vernichtet wurde. Im ehemals bulgarischen Gebiet entstanden das Katepanat (themenähnliche Verwaltungseinheit) Bulgaria und die Themen Paristrion (auch Paradunabon, d.h. „ an der Donau") und Sirmium; das Abhängigkeitsverhältnis der Balkanslaven von Byzanz (bis nach Kroatien) erschien damals besonders gefestigt.

So erreichte das B.R. im ersten Drittel des 11. Jh.s dank glücklicher außenpolitischer und militärischer Konstellationen und eines noch funktionsfähigen Verwaltungssystems seinen Höhepunkt an territorialer Entfaltung in nachjustinianischer Zeit. Da aus dieser Zeit keine Beschreibung der Verwaltungsgeographie erhalten ist, dienen als Grundlage eines Themenüberblicks für das 10. und den Beginn des 11. Jh.s vier Ranglisten des Kaiserhofes (entstanden 842/43, 899, 934/44, 971/75), die byzantinischen und die arabischen Historiker der Zeit und die Werke Konstantins VII. Porphyrogennetos: „ An seinen Sohn Romanos" (De Administrando Imperio, entstanden 948/52) mit wertvollen Hinweisen zur Entwicklung in Südosteuropa, das „Zeremonienbuch" (De Cerimoniis; in dessen Anhang u.a. ein Verzeichnis der Truppensammelplätze in Kleinasien) und „Über die Themen" (De thematibus, entstanden wahrscheinlich um 944; Text: Pertusi 1952); dieses Werk listet 17 „östliche" (d.h. asiatische) und 12 „westliche" (europäische) Themen auf und bietet fallweise Erklärungen zum Namen und zur Entstehung (zu den Themen im 10. und 11. Jh. und ihrer Lage vgl. Abb. 11; unsichere und kurzlebige Themen sind nicht aufgenommen).

Die bei Konstantin Porphyrogennetos, De thematibus, enthaltenen Themen (in der von ihm gebrauchten Namensform und Reihenfolge): A. Themen des Ostens (Anatole):

Abb. 11: Die Themen im 10./11. Jahrhundert.

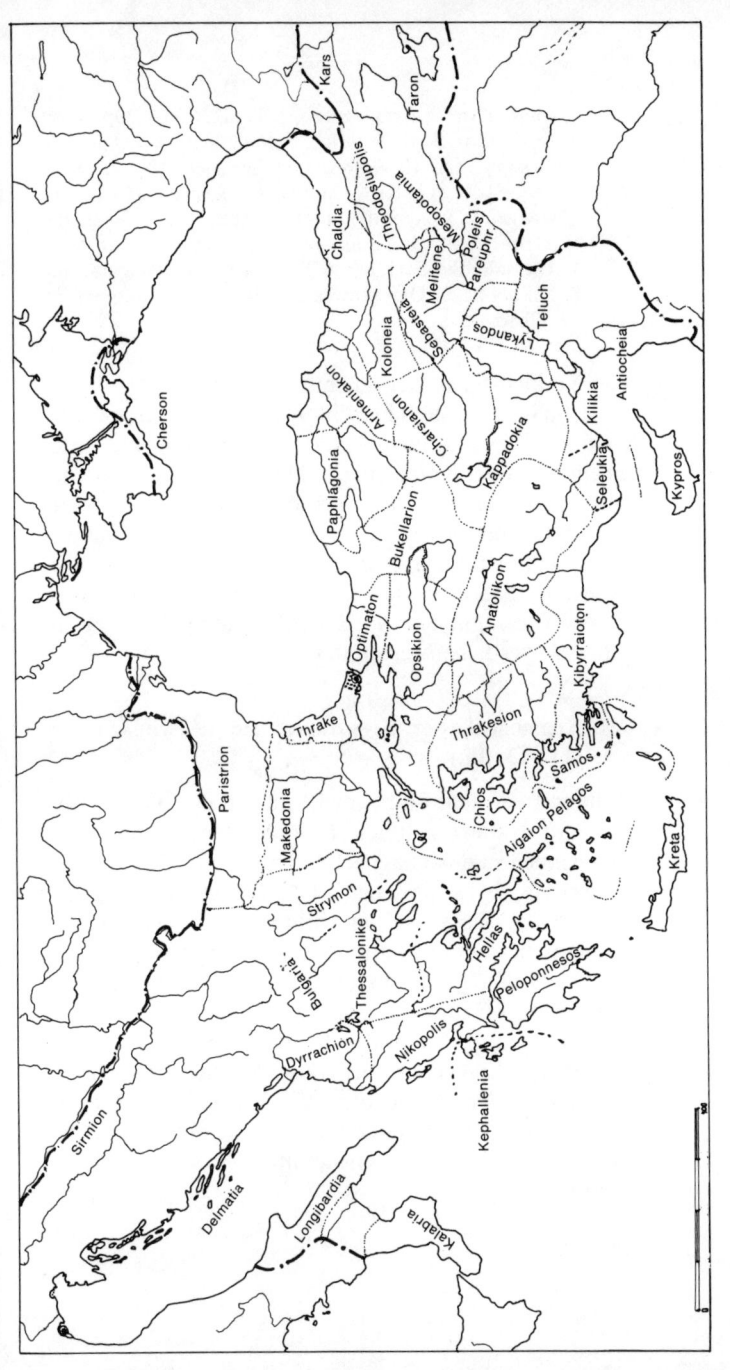

1. Anatolikon, 2. Armeniakon, 3. Thrakesiōn, 4. Opsikion, 5. Optimatos, 6. Bukellarios, 7. Paphlagonia, 8. Chaldia, 9. Mesopotamia, 10. Kolōneia, 11. Sebasteia, 12. Lykandos, 13. Seleukeia, 14. Kibyrraiotos, 15. Kypros, 16. Samos, 17. Aigaion Pelagos (Ägäisches Meer). B. Themen des Westens (Dysis): 1. Thrakōon, 2. Makedonia, 3. Strymōn, 4. Thessalonike, 5. Hellas, 6. Peloponnesos, 7. Kephalenia, 8. Nikopolis, 9. Dyrrachion, 10. Sikelia, 11. Longibardia, 12. Cherson.

Die Verkleinerung der Themen ab dem 10. Jh. führte dazu, manche neue Themen, vor allem in Grenzbereichen, zu übergeordneten militärischen Einheiten unter einem Dux oder Katepano (als Dukate oder Katepanate) zusammenzufassen; so unterstanden im letzten Drittel des 10. Jh.s beispielsweise die Themen der Ostgrenze den Dukes von Antiocheia, Mesopotamia und Chaldia. Entsprechend gab es in der Balkanhalbinsel die führenden Dukes Thessalonikes, Adrianopels und der Donaumündungen (westliche Mesopotamia).

7.3. Komnenenkaiser, Kreuzfahrer und Seldschuken (11.–13. Jh.)

Während vor dem Ende des 12. Jh.s in der Balkanhalbinsel für Byzanz kaum territoriale Veränderungen zu verzeichnen sind (wenngleich Kroatien und Zeta sich der zeitweisen byzantinischen Oberhoheit entledigten), brachte das Türkvolk der Seldschuken, welches sich Bagdads bemächtigt hatte (Sultanat seit 1055) für den größten Teil Kleinasiens das Ende der byzantinischen Herrschaft. Letztlich als Folge der Schlacht von Mantzikert (Malazgird, nordwestlich des Van-Sees) im August 1071 (Sieg Alp Arslans über Kaiser Romanos IV. Diogenes) gelang den Seldschuken die Vernichtung des östlichen Verteidigungssystems und die Eroberung Kleinasiens zu einer Zeit der innenpolitischen Krisen in Konstantinopel.

Kleinasien dürfte am Beginn der Herrschaft Alexios' I. (1081–1118), des Gründers der Dynastie der Komnenoi, zur Gänze – freilich in geringer Bevölkerungsdichte – von Seldschuken besetzt, jedenfalls der byzantinischen Kontrolle entzogen gewesen sein; ausgenommen waren sicher Teile der Schwarzmeerküste zwischen Sinope und Trapezunt sowie das „kleinarmenische" Fürstentum, welches nach 1071 beiderseits des Taurus entstand und Teile Kappadokiens und Kilikiens umfaßte.

Nach ersten Rückeroberungen an der kleinasiatischen Küste des Marmara-Meeres, vor allem um Abydos, am Beginn der 1090er Jahre nahmen die Teilnehmer des ersten Kreuzzuges 1097 Nikaia für Byzanz, und in der Folge konnte Alexios I. die Westküste zwischen Hermos und Mäander erobern. Er selbst und seine Nachfolger gewannen bis zur Mitte des 12. Jh.s das fruchtbare Westkleinasien und die Schwarzmeerküste zur Gänze sowie einen Großteil der Südküste zurück (kurzzeitige Gebietserweiterung im kilikisch-syrischen Raum können hier außer Betracht bleiben). Zentralkleinasien blieb türkisch, wobei sich zwei größere staatenähnliche Verbände entwickelten, das Sultanat Rum (= romäisch) mit der Hauptstadt Konya/Ikonion und das Emirat der Danischmend (Zentrum Siwas/Sebasteia). Der um 1150 erreichte Status, daß die fruchtbaren Flußtäler Westkleinasiens und die Küsten byzantinisch, der Kern des Gebietes hingegen, das zentrale Hochland mit direktem Anschluß an die Masse des islamischen Blockes, türkisch war, machte Byzanz (und den „Lateinern") zwar die agrarisch und wirtschaftlich günstigen Regionen wieder verfügbar, linderte aber auf lange Sicht nicht die militärische Bedrohung durch den Islam. Lediglich eine vollständige Rückeroberung Kleinasiens und eine Begradigung der Ostgrenze hätten hier ein hohes Ausmaß an militärischer Sicherheit bringen können.

An der Westgrenze ist das Normannenproblem eng mit der Komnenenzeit verknüpft: Bis 1071 (Eroberung Baris) hatten die Normannen mit ganz Süditalien auch alle dortigen byzantinischen Gebiete erobert. Robert Guiscards Besetzung von Kerkyra, Dyrrachion und anderen Stützpunkten an der epirotischen Küste überbrückte die Meerenge von Otranto und ermöglichte trotz erheblicher Verteidigungsanstrengungen der Byzantiner und der ihnen verbündeten Venezianer normannische Plünderungszüge bis Thessalien und Makedonien. Zwar brachten weitere Normannen-Kriege im 12. Jh. (1107, 1147/49, 1185/86) dem B.R. am Festland noch keine endgültigen Einbußen, doch verlor es bereits 1185 die Jonischen Inseln Kephallenia, Ithake und Zakynthos definitiv. Abgesehen von der Schmälerung der Souveränität bahnt sich hier bereits eine Neuorientierung des adriatisch-westgriechischen Raumes an.

Die Verwaltung behält im ausgehenden 11. und im 12. Jh. den Begriff Thema bei, verwendet ihn aber einfach synonym für Provinz. Dies entspricht der Entwicklung, daß sich die Heere der Komnenenzeit (und der Spätzeit) mehr und mehr aus Söldnern zusammensetzen, also nicht mehr auf dem mittelbyzantinischen Themensystem beruhen. Durch Reorganisation oder Rückeroberung entstehende Themen sind nun klein, oft lediglich aus einem städtischen befestigten Zentrum und seiner weiteren Umgebung bestehend (vergleichbar „Landkreisen" oder „politischen Bezirken"), und tragen daher öfter als früher Städtenamen. Eine Vorstellung von der Provinzialgliederung der zweiten Hälfte des 12. Jh.s bieten zwei weitgehend übereinstimmende Dokumente, eine detaillierte Privilegurkunde Alexios' III. Angelos für Venedig von 1198 und die sogenannte „Partitio terrarum imperii Romanie", der Teilungsvertrag der Kreuzfahrer, die sich Anfang April 1204 auf die Eroberung Konstantinopels vorbereiteten. Diese Urkunden enthalten neben *Thema = Provincia* noch weitere, teils neue Termini, wie *Episkepsis = Pertinentia* (meist Großgrundbesitz der Kaiserfamilie oder der Kirche, also etwa „Domäne"), *Horion* (in manchen Themen eine Untergliederung der Verwaltung, etwa „Bezirk"), *Katepanikion* (ursprünglich einem Katepano zugewiesen? Ebenfalls Untergliederung einzelner Provinzen, besonders in Nordgriechenland) und *Chartularaton* (ursprünglich: vom Chartularios, einem Themenbeamten, verwaltete Gebiete, die – wie die einzelnen Distriktsnamen zeigen – überwiegend slavische Siedlungsräume waren).

Die staatliche Hoheit wird nun allgemeiner und in stärkerem Ausmaß als im 10. und 11. Jh. durch Piraten und durch die eigentlichen Machthaber, die Großgrundbesitzer, ausgehöhlt und schließlich aufgehoben, was sich in den am Ende des 12. Jh.s, verstärkt nach 1204, häufiger werdenden Verselbständigungsversuchen einzelner lokaler Herren (bei häufiger Personalunion von Grundherrschaft und Steuerhoheit) zeigt; Beispiele: Isaak Komnenos in Zypern, Pseudo-Alexioi in Paphlagonien und Kilikien, Dobromir Chrs in Makedonien, Ivanko in Bulgarien, Leon Sguros in Südgriechenland, Manuel Maurozomes und Sabbas Asidenos im Mäandertal, Theodoros Mankaphas in Philadelpheia und die „Groß-Komnenen" in Trapezunt, deren 1203 gegründetes Reich erst 1461 unterging (vgl. Hoffmann 1974).

Die latente militärische Schwäche des B.R. wurde 1176 (Niederlage gegen die Seldschuken bei Myriokephalon) und besonders nach dem Tod Manuels I. (1180) offenbar: Ungarn bemächtigte sich 1181 außer Kroatiens auch des Raumes um Sirmium und Dalmatiens; der mit Ungarn verbündete Stefan Nemanja baute 1183 das im Entstehen begriffene Serbische Reich im Westen bis zur dalmatinischen Küste und im Süden bis Niš und Sofia aus; 1185 erhoben sich die Bulgaren gegen Byzanz und errichteten das zweite Bulgarische Reich (Hauptstadt Trnovo). Nach wechselvollen Kämpfen mußte Byzanz die Unabhängigkeit Serbiens und Bulgariens anerkennen und ein Gebiet etwa nördlich der Linie Mesembria – Philippupolis – Skopje noch vor 1204 verlorengeben.

7.4. Lateinerherrschaft und Palaiologenzeit (13.–15. Jh.)

Am 17. Juli 1203 erfolgte die erste, am 13. April 1204 die zweite Eroberung Konstantinopels durch die Teilnehmer am vierten Kreuzzug, gefolgt von der Gründung des „lateinischen" Kaiserreiches, das bis zur byzantinischen Rückeroberung Konstantinopels 1261 bestand. Nach den Wirren des ersten Jahrzehnts nach der Eroberung lassen sich für das (ehemals) byzantinische Territorium folgende Herrschaftsgebiete aufzeigen (vgl. Abb. 12):

1. Das sogenannte Kaiserreich von Nikaia, nach seiner Hauptstadt benannt, welches faktisch die byzantinische Tradition fortführte (Sitz des Kaisers und des Patriarchen), in Westkleinasien einen breiten Streifen zwischen dem Schwarzen Meer (etwa Sangarios-Mündung bis Ionopolis) und der Ägäis (etwa Adramyttion bis Milet) beherrschte, im Westen bis Nikomedeia und Prussa und im Osten fast bis Ankyra und Philomelion reichte. Bis um die Mitte des 13. Jh.s gelangen folgende Gebietserweiterungen: gesamte Küste entlang des Marmara-Meeres außer dem ehemaligen Thema Optimatos; Thrakien bis Adrianopel außer dem unmittelbaren Hinterland Konstantinopels, samt der nordägäischen Küste (Thessalonike) und Thessalien (bis zu den Thermopylen); Inseln vor der kleinasiatischen Westküste.

2. Das griechische Reich (irrig „Despotat") von Epirus (Hauptstadt Arta), in byzantinischen Quellen bezeichnenderweise oft Dysis (= Westen) genannt, welches zunächst ebenfalls das Kaisertum beanspruchte, dann aber zeitweise in Abhängigkeit von Nikaia geriet; es umfaßte die griechisch-albanische Westküste zwischen der Drin-Mündung nördlich von Dyrrachion und dem Golf von Korinth.

3. Das lateinische Kaiserreich, welches unmittelbar die Landschaft beiderseits des Marmara-Meeres, die nordägäischen Inseln und die Inseln vor der Westküste Kleinasiens innehatte, wovon der größte Teil allerdings

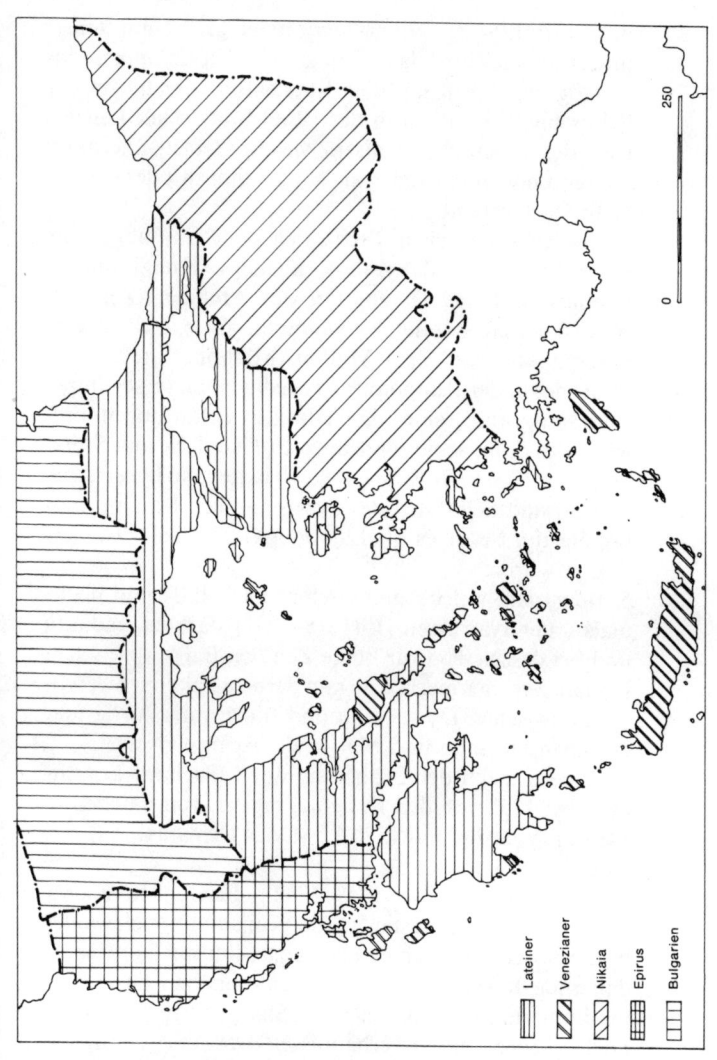

Abb. 12: Die Aufteilung des Byzantinischen Reiches
nach dem IV. Kreuzzug – Grenzen um 1214.

99

noch vor 1254 an Nikaia verlorenging. – Unmittelbar unterstanden ihm das Königreich Thessalonike, das Herzogtum Athen und das Fürstentum Achaia (in der Peloponnes), sämtlich in der Hand fränkischer Lehensleute des lateinischen Kaisers, welche Gebiete allerdings binnen kurzem entweder an Nikaia gingen oder sich de facto verselbständigten.

4. Die venezianischen Territorien oder Einflußgebiete: Kephallenia und Zakynthos, Kythera, Kreta, Euböa, Lemnos und das Herzogtum des Archipel (Zentrum Naxos), jeweils mit den Nebeninseln, sowie festländische Stützpunkte, vor allem Modon (Methone) und Coron (Korone) in der Peloponnes. Venedig baute dieses Imperium aufgrund seiner langjährigen Erfahrungen auf, welche es dank seiner günstigen Freihandels- und Stützpunktverträge im B.R. seit 1085 (?) hatte, und beherrschte Handel und Schiffahrt des byzantinischen Raumes monopolartig, bevor es ab 1261 von Genua teilweise verdrängt wurde.

5. Bulgarien, welches unmittelbar nach 1204 und nochmals unter Ivan Asen II. (1218–1241) stark expandierte und bei dessen Tod für kurze Zeit den Balkan zwischen Donau, Schwarzmeerküste und Serbien beherrschte, wobei es zwischen Dyrrachion und Butrint die Adria und zwischen Strymon und Marica die Ägäis erreichte.

6. Zypern, nach der Eroberung durch Richard Löwenherz seit 1192 von den Lusignan regiert, von welchen es 1489 an Venedig und 1570/71 an das Osmanische Reich ging.

Unter Michael VIII. (1259–1282), dem ersten Kaiser der Palaiologendynastie wurde Konstantinopel wieder byzantinisch; ihm gelang eine letzte, ihn nur kurz überdauernde Restauration eines byzantinischen Großstaates. Immerhin erstreckte sich sein Staat – bei in Kleinasien noch gleichen Grenzverhältnissen wie im nizänischen Reich – am Balkan zwischen Schwarzem Meer und Adria bis zu einer Nordgrenze, welche südlich von Sozopolis

100

und vom Skutari-See und nördlich von Philippopel und Adrianopel verlief. Auch Epirus erkannte den Palaiologenkaiser an, und in der Peloponnes gelang ihm der Erwerb des Südostens mit der Hauptstadt Mistra, woraus sich das gleichnamige Despotat entwickelte. Das Despotat von Mistra vergrößerte sich als Teil des B.R. stetig; es umfaßte 1432 die gesamte Peloponnes, die venezianischen Stützpunkte Modon, Coron und Nauplia ausgenommen, und ging erst nach dem Fall Konstantinopels 1460 in osmanischen Besitz über.

Hievon abgesehen ist die Entwicklung des B.R. ab dem Ende des 13. Jh.s infolge der unerträglichen mehrseitigen außenpolitischen Dauerbelastungen durch Türken, Balkanstaaten und Westmächte, weiters durch innere Wirren und Bürgerkriege und durch die wirtschaftliche Aushöhlung, an der vor allem Venedig und Genua beteiligt sind, von kontinuierlichen territorialen Veränderungen und Verlusten betroffen, die weder eine dauerhafte Außenpolitik noch eine effiziente administrative Neuordnung zulassen. Im 14. Jh. sucht man die verbliebenen, oft nicht mehr zu Land verbundenen Reichsteile von ihren jeweiligen befestigten Zentren aus mit Hilfe Angehöriger oder Vertrauter der Kaiserfamilie zu regieren (Konstantinopel und thrakisches Hinterland mit einigen Städten am Schwarzen und am Marmara-Meer, Thessalonike und Teile der nördlichen Ägäis-Küste, einige Ägäis-Inseln, die Peloponnes).

Unter den Macht erlangenden Staaten des 14. Jh.s ist neben Bulgarien vor allem das Serbische Reich zu nennen, welches unter Stefan Dušan (1331–1355) eine Blüte erlebte, aber nach der Schlacht auf dem Amselfeld (1389) etwa gleichzeitig mit Bulgarien dem Osmanischen Reich einverleibt wurde. Dauerhafter waren die Besitzungen Venedigs, welches die Adria, Kreta und Zypern, die westliche und (teilweise durch den Johanniter-Orden) die südöstliche Ägäis beherrschte oder kontrollierte, während Genuas Vorherrschaft auf die nordöstliche Ägäis,

Konstantinopel (genuesischer Stadtteil Galata/Pera) und das Schwarze Meer, besonders die Krim, konzentriert war.

Zwar zögerte der Mongolensturm an der Wende des 14. Jh. zum 15. Jh. (1402 als Katastrophenjahr für das türkische Kleinasien) das Ende des B.R. um etwa zwei Generationen hinaus, doch mit der Eroberung Konstantinopels 1453 etablierte Mehmed II. die Osmanenherrschaft in der Nachfolge des B.R. am Bosporus. Um 1500 hatte das Osmanische Reich die ehemaligen byzantinischen Grenzen in Südosteuropa überall erreicht oder übertroffen, und um 1566 galt auch die Ägäis als türkisches Meer. Nur wenige venezianische Enklaven – bis 1571 Zypern, vor allem aber Kreta – unterbrachen noch das ansonsten geschlossene osmanische Reichsgebiet.

Bibliographische Hinweise

Ahrweiler 1966 und 1971. – Antoniadis–Bibicou 1966. – Arutjunova–Fidanjan 1980. – Aschoff 1980. – Bibicou 1962. – Birken 1976. – Bon 1969. – Bratianu 1969. – Bréhier 1949. – Brooks 1901. – Carile 1965 und 1978. – Chrysos 1981. – Felix 1981. – Ferluga 1976 und 1978. – Gaudemet 1981. – Gelzer 1899. – Gichon 1980. – Gjuzelev 1981. – Gregoriu/Ioannidu 1982.– Hoffmann 1974. – Hohlweg 1965. – Honigmann 1935 und 1939. – Karayannopulos 1959. – Konstantinos Porphyrogennetos 1952 und 1962/67. – Liebeschuetz 1977. – Lilie 1976 und 1977. – Oikonomidès 1972. – Ostrogorsky 1963. – Parker 1980. – Pattenden 1983. – Pertusi 1958. – Prinzing 1982. – Ramsay 1890. – Seibt 1978. – Zakythinos 1941–1951.

8. DIE KIRCHE

8.1. Kirchliche Organisation im Byzantinischen Reich

Duldung und Anerkennung der christlichen Religion durch Konstantin d. Gr. und die Übertragung sozial-administrativer Funktionen vom Staat auf die Kirche durch ihn und seine Nachfolger brachten es mit sich, daß die Kirchenorganisation seit ihren Anfängen stark an die staatliche Verwaltungsgliederung angelehnt war.

Am Beginn der kirchlichen Organisation steht der Bischof (griech. *episkopos*) als Leiter des Bistums *(episkope)*, dem alle Gläubigen, kirchlichen Funktionäre und Einrichtungen seines Sprengels (Ortskirchen. bzw. Pfarren, Klöster, Privatkirchen) unterstellt sind. Die Entwicklung zur staatlich anerkannten Massenorganisation brachte anstelle eines lockeren Systems von Alters- und Ehrenvorrängen bestimmter Bischofsstädte das an der Provinzialordnung orientierte System der Metropolen, bei dem dem Bischof der Provinzhauptstadt als Metropoliten die Bischöfe des Metropolitansprengels (Suffragane) unterstellt sind, wobei in der Rangfolge der Metropoliten, dokumentiert in den Notitiae episcopatuum (Ranglisten der Bistümer, vgl. Darrouzès 1981), traditionelle Anciennitätsansprüche zum Ausdruck kommen. Neben den Metropolen entwickelten sich im Osten Erzbistümer, die zwar keinem Metropoliten unterstellt (also autokephal = „eigenhäuptig") waren, aber keine Suffragane unter sich hatten; an ihrer Spitze stand ein „autokephaler" Erzbischof (griech. *autokephalos archiepiskopos*).

Am Ende des 4. und im 5. Jh. bildete sich die Vorstellung des pentarchischen Führungsprinzips heraus, nach welchem die fünf Patriarchate Rom, Konstantinopel, Alexandreia, Antiocheia und Jerusalem (in dieser Reihenfolge) die Gesamtkirche leiten sollten. Konstantinopel wurde am II. ökumenischen Konzil (381) sein hoher zweiter Rang als „Neues" unmittelbar hinter dem „Alten" Rom erstmals offiziell zugesprochen (Bestätigung durch Kaiser Justinian I., Nov. 123). Seit damals stand die Ostgrenze des Patriarchats von Konstantinopel – ab dem 7. Jh. weitgehend identisch mit der Reichsgrenze gegen die Araber – fest: Konstantinopel leitete alle Gebiete um das Schwarze Meer und Kleinasien bis zum Antitaurus bzw. bis zum Oberlauf des Euphrat. Die Kirche Zyperns war autokephal. Antiocheia leitete Kilikien, Syrien und den Libanon, Jerusalem Palästina und den Großteil der Sinai-Halbinsel, Alexandreia Ägypten und Libyen, Rom das restliche Nordafrika. Die Grenzen der Patriarchatssprengel orientierten sich also weitgehend an der Präfekturen- und Diözesangliederung des B.R. des 4. und 5. Jh.s.

Dies gilt nur bedingt für Europa, wo zwar Thrakien Konstantinopel unterstand, das Illyricum hingegen Rom, da die Kirche die Reichsteilung von 395, durch die das Illyricum an den Osten kam, nicht nachvollzog. Das Illyricum unterstand in frühbyzantinischer Zeit Rom, welches hier durch einen päpstlichen Vikar in Thessalonike (zeitweise auch in Korinth und Iustiniana Prima) repräsentiert wurde. Ränge und Zahl der frühbyzantinischen Kirchensprengel des Patriarchats von Konstantinopel zeigt die älteste erhaltene (um 650 abgeschlossene) Notitia episcopatuum, welche 33 Metropolen (mit insgesamt 349 Suffraganen) und 34 autokephale Erzbistümer zählt.

Die Metropolitansprengel des Konstantinopler Patriarchats in frühbyzantinischer Zeit in der Reihung der ältesten erhaltenen Rangliste (in Klammer der Metropolitensitz; vgl. Darrouzès 1981, 204 f.): 1. Kappadokia I (Kaisareia),

2. Asia (Ephesos), 3. Europe (Herakleia), 4. Galatia I (Ankyra), 5. Hellespontos (Kyzikos), 6. Lydia (Sardeis), 7. Bithynia (Nikomedeia), 8. ibidem (Nikaia), 9. ibidem (Chalkedon), 10. Pamphylia (Side), 11. Armenia II (Sebasteia), 12. Helenopontos (Amaseia), 13. Armenia I (Melitene), 14. Kappadokia II (Tyana), 15. Paphlagonia (Gangra), 16. Honorias (Klaudiupolis), 17. Pontos Polemoniakos (Neokaisareia), 18. Galatia (Pisinus), 19. Lykia (Myra), 20. Karia (Staurupolis), 21. Phrygia Kapatiane (Laodikeia), 22. Phrygia Salutaria (Synada), 23. Lykaonia (Ikonion), 24. Pisidia (Antiocheia in Pisidien), 25. Pamphylia (Perge oder Sylaion), 26. Kappadokia II (Mokissos), 27. Lazike (Phasis), 28. Thrake (Philippupolis), 29. Rodope (Traianupolis), 30. Kykladen-Inseln (Rodos), 31. Haimimontos (Hadrianupolis), 32. ibidem (Markianupolis), 33. Phrygia Kapatiane (Hierapolis).

Mit der wachsenden politischen, aber auch kirchlichen (Ikonoklasmus) Distanz zwischen Ost und West verschärften sich die Auseinandersetzungen um das Illyricum, die sich bereits vor Justinian I. abgezeichnet hatten. Dieser dokumentierte das kirchenpolitische Interesse Konstantinopels am Balkan mit dem Rang, den er 535 seiner Gründung Iustiniana Prima (Caričin Grad?) als Sitz des Kirchenführers des Illyricum (bis damals Sirmium) zuwies.

Entscheidend aus der Sicht der Nachwelt war der Einschnitt am Beginn des Ikonoklasmus, als um 730 Leon III. das Illyricum und die griechisch durchsetzten Gebiete Süditaliens (Kalabrien, Sizilien) dem Patriarchen von Konstantinopel unterstellte. Zwar gingen die italienischen Diözesen infolge der räumlichen Entfernung sowie der kirchlichen und politischen Entwicklung im 11. Jh. wieder an Rom, doch am Balkan gestaltete die neue Grenze die Slavenmission und die Bildung nationaler orthodoxer Kirchen entscheidend mit. Nach Beendigung des Ikonoklasmus und Stabilisierung des Staates durch Araberabwehr und Slavenintegration wurde um 901/07 eine neue Bistumsliste (Notitia VII) erstellt, welche 51 Metropolen (mit zusammen 536 Suffraganen) und 51 autokephale Erzbistümer zählt. Sie war für die byzantinischen Kernräume für mehrere Jahrhunderte bestimmend, wenngleich die politische Entwicklung des B.R., besonders die Zäsur von 1204, nicht ohne Wirkung blieb. Die Metropolen des Konstantinopler Patriarchatssprengels in mittelbyzantinischer Zeit zeigt nebenstehende Karte (Abb. 13; vgl. Darrouzès 1981, 272–274).

Die kirchliche Gliederung, wie sie in Notitia VII angelegt ist, überdauerte die politische Existenz des B.R. und trug zum Erhalt von Griechentum und Orthodoxie während des Osmanischen Reiches entscheidend bei; eine Liste der frühen Türkenzeit (Notitia XXI, vielleicht aus dem ausgehenden 16. Jh.) verzeichnet für den Patriarchat von Konstantinopel 72 Metropolen und 8 autokephale Erzbistümer.

Der (zeitweilige) Verlust von Reichsterritorium also und die – politisch mitbegründete – byzantinische Missionierung nichtchristlicher Reichsnachbarn führte zu Veränderungen bei der Gliederung der Kirchensprengel, aber auch zur räumlichen Erweiterung des byzantinischen kirchlichen Einflusses. Vor allem trifft dies im Fall der Bulgaren zu, mit deren Missionierung (865/66) in Preslav ein autokephales Erzbistum von Bulgarien (vergleichbar der Kirche Zyperns) installiert wurde, welches Zar Symeon (893–927) zum (ersten) bulgarischen Patriarchat anhob. Dieser wurde 971 nach Ochrid transferiert und erlosch 1018, als Basileios II. das westbulgarische Reich vernichtete und zugleich den bulgarischen Patriarchen durch einen „autokephalen Erzbischof von ganz Bulgarien" (mit Sitz in Ochrid) ersetzte, welcher nicht dem Konstantinopler Patriarchen, sondern dem Kaiser zugeordnet war. Sein Sprengel umfaßte neben den bulgarischen und makedonischen Gebietskernen (23 Suffragane

---

Abb. 13: Metropolen des Patriarchats von Konstantinopel am Beginn des 10. Jahrhunderts.

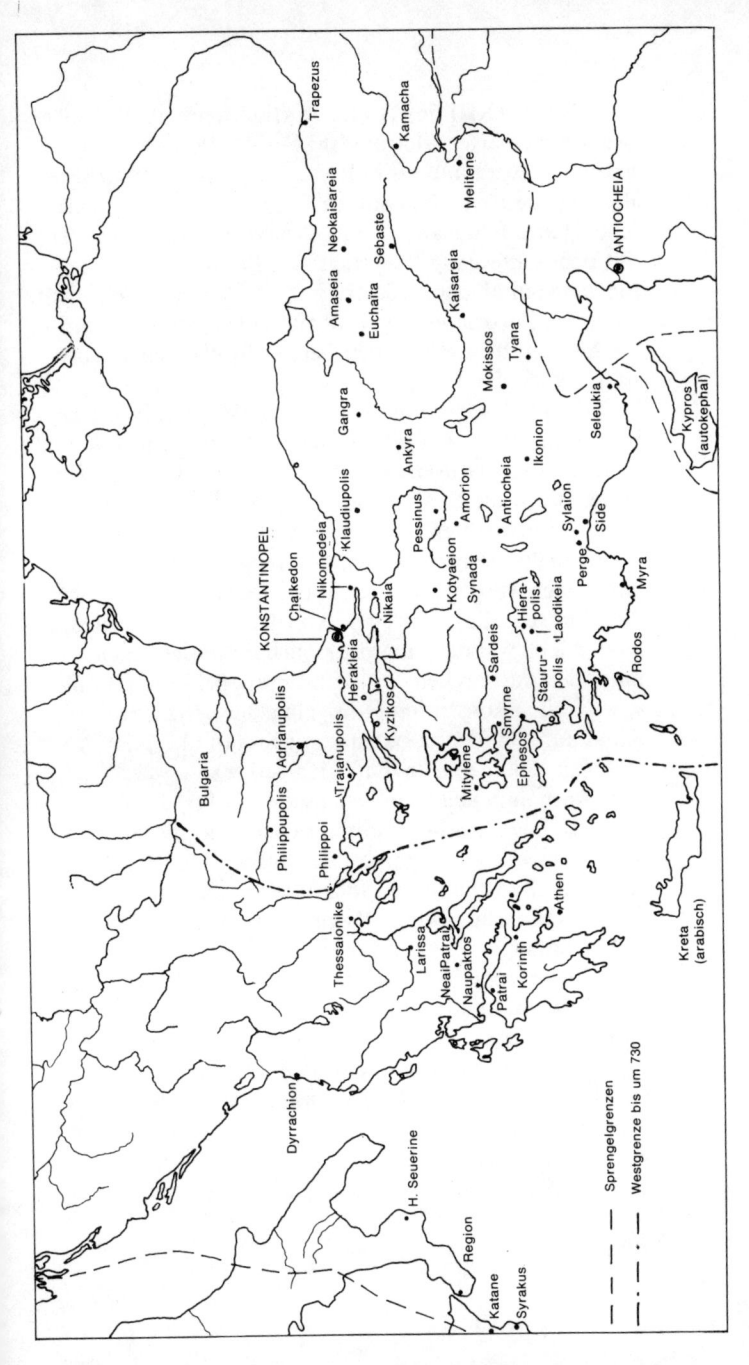

KONSTANTINOPEL

ANTIOCHEIA

Trapezus
Kamacha
Melitene
Neokaisareia
Amaseia
Sebaste
Euchaita
Kaisareia
Mokissos
Tyana
Seleukia
Kypros (autokephal)
Gangra
Ankyra
Ikonion
Klaudiupolis
Amorion
Antiocheia
Sylaion
Nikomedeia
Pessinus
Kotyaeion
Side
Chalkedon
Synada
Hiera-polis
Perge
Nikaia
Laodikeia
Myra
Herakleia
Sardeis
Stauru-polis
Kyzikos
Smyrne
Ephesos
Rodos
Mitylene
Adrianupolis
Traianupolis
Bulgaria
Philippupolis
Philippoi
Thessalonike
Larissa
NeaiPatrai
Naupaktos
Patrai
Korinth
Athen
Kreta (arabisch)
Dyrrachion
H. Seuerine
Region
Katane
Syrakus

Sprengelgrenzen
Westgrenze bis um 730

nach Notitia XIII des 11./12. Jh.s) zeitweise auch Bistümer benachbarter Metropolen: Serbia, Berroia, Stagoi, Ioannina, Adrianupolis in Epirus, Butrint. – Das zweite Bulgarische Reich brachte die Errichtung eines bulgarischen Patriarchates (1235) in Trnovo mit sich, welcher mit dem Untergang Bulgariens 1393 erlosch.

Bei weiteren Nachbarvölkern in Südost- und Osteuropa reicht die Christianisierung ebenfalls in die mittelbyzantinische Zeit zurück (bei den Serben in die Zeit Basileios' I.), doch datieren deren kirchliche Autonomiebestrebungen durchwegs in die Zeit nach 1204. So gab es zwar bereits ab etwa 990 einen Metropolitansprengel Kiev (Kyebon oder Rosia, mit 19 Suffraganen), doch war dieser bis in die Spätzeit fast ausnahmslos von griechischen Metropoliten geleitet. Als im 14. Jh. weitere Bistümer des riesigen russischen Sprengels zu Metropolen angehoben wurden (Galizien, Litauen), manifestierte sich der Vorrang Kievs im Titel „von Kiev und ganz Rußland", doch war die Unterordnung der russischen Kirche unter den Patriarchen von Konstantinopel in byzantinischer Zeit unumstritten (1461 ging die Spitzenposition Kievs auf den Metropoliten von Moskau über, der von 1589 bis 1700 den Titel Patriarch führte).

Eine Ausnahme stellt die Halbinsel Krim dar, die niemals zu Kiev bzw. Rosia gehörte, da sie, wie die gesamte Schwarzmeerküste, infolge ihrer frühen Zugehörigkeit zum B.R. bereits seit der Spätantike in das Sprengelsystem des Konstantinopler Patriarchats eingebunden war (Erzbistümer bzw. Metropolen Cherson, Gotthia, Sugdaia, Bosporos). Bei den Serben ging die kirchliche Verselbständigung parallel zur staatlichen: 1219 wird Sabas als Metropolit der autokephalen serbischen Kirche (mit zehn Suffraganen) vom Patriarchen (in Nikaia) anerkannt. Die serbische Expansion im 14. Jh. führte 1346 zur Gründung des serbischen Patriarchats in Peć, der 1459 erlosch.

Die Rumänen erhielten 1359 einen Metropoliten für die

Walachei (Sitz in Argeş) und 1401 einen weiteren für die Moldau (Sitz in Suçeava).

Nach der Eroberung des B.R. durch die Lateiner wurde 1204 der Venezianer Thomas Morosini als lateinischer Patriarch eingesetzt. Ihm und seinen Nachfolgern (Residenz bis 1261 Konstantinopel, ab 1314 Negroponte/Euböa, ab 1453 Venedig) war durch einen Unionsakt theoretisch die gesamte Kirchenorganisation des B.R. unterstellt. Tatsächlich konnte aber lediglich in jeweils (noch) von Franken oder Venezianern besetzten Gebieten ein lateinischer Klerus eingesetzt werden, der sich allerdings meist auf die Bischofskirchen beschränkte und lediglich auf die Lateiner Einfluß hatte. Die griechische Bevölkerung blieb der Orthodoxie und dem griechischen Klerus treu. Die Venezianer trugen dieser Situation insofern Rechnung, als sie den griechischen Klerus tolerierten und eine orthodoxe Kirchenorganisation zuließen, die Einsetzung von griechischen Bischöfen in ihren Gebieten freilich nicht gestatteten. Doch bildeten der oktroyierte westliche Klerus und die – vor allem im 13. Jh. – zahlreichen Ordenshäuser der Zisterzienser, Dominikaner, Franziskaner und der Ritterorden trotz ihrer zum Teil langen Verweildauer Fremdkörper, die für die Formung der orthodoxen Kirche und ihrer Organisation geringe Bedeutung hatten (sie werden daher hier nicht behandelt).

Im Bereich der Ostgrenze (Kappadokien, Euphratesia, Kilikien) wurde die griechisch-orthodoxe Kirche seit dem 10. Jh. von der syrisch-jakobitischen und der armenischen Kirche überflügelt, die hier ihre Patriarchate bzw. Katholikate installierten (Barşaumā-Kloster, Sebasteia).

8.2. Das byzantinische Mönchtum

Der Ort des Mönchtums ist die Wüste (griech. *eremos*) – Ort der Stille, der Kontemplation, der Abgeschiedenheit von der Welt, aber auch des Kampfes mit dem Teufel.

Dieser frühen, an den Geburtsstätten des christlichen Mönchtums in Ägypten und Palästina entwickelten Vorstellung blieben die Kirchen des Ostens in stärkerem Ausmaß verhaftet als die Kirchen der westlichen Reichshälfte. So ist den verschiedenen Formen des Mönchtums im Osten (Einsiedeleien, Lauren, Klöster) auch gemeinsam, daß sie zur normalen städtischen oder dörflichen Siedlung distanziert sind, um solchermaßen (im Extremfall des Stadtklosters lediglich durch die Klostermauer und die Pforte) die Einsamkeit der Wüste zu dokumentieren (zum Kloster als Siedlungsform s. unten 9.3.). Eigentliche Wüsten gab es im byzantinischen Raum lediglich vor der islamisch-arabischen Expansion in Ägypten und in der Levante. In der ägyptischen Wüste, der Sinai-Halbinsel, in Syrien und an den heiligen Stätten Palästinas entstand das christliche Mönchtum und erlebte eine frühe Blüte. In Kleinasien sind zwar die ersten Klostergründungen auch noch in das 4. Jh. zu datieren (Eustathios von Sebaste, Basileios der Große; Dalmatos-Kloster in Konstantinopel), doch entfaltete sich das Mönchtum in den byzantinischen Kernterritorien im allgemeinen erst etwas später.

Eine kirchenrechtliche Regulierung des Mönchtums setzt mit den Kanones (3–8, 16, 24) des Konzils von Chalkedon (451) ein und fand in der Gesetzgebung Justinians (besonders Novellen 5 und 133) ihren Niederschlag, wobei in unserem Zusammenhang vor allem die Unterstellung der Klöster unter den Ortsbischof bedeutsam ist, der auch jeder Klostergründung zustimmen mußte und das Stauropeg-Recht (Recht der Aufrichtung des Kreuzes und Weihe bei Baubeginn) innehatte, das später teilweise auf den Patriarchen überging; weiters die Forderung nach stabilitas loci, also nach Zugehörigkeit des Mönches zu *einem* Kloster, womit das Wandermönchtum eingedämmt werden sollte.

Da die mönchische Lebensform als die schlechthin ideale angesehen wurde, kann man in Byzanz schwer zwischen quantitativen Blüte- und Niedergangszeiten des Mönchtums unterscheiden, wenngleich im ausgehenden 4. und im 5. Jh., im 10. und am Beginn des 11. Jh.s und im 14. Jh. ein besonders starker Zulauf zu beobachten ist, der in mittelbyzantinischer Zeit, um die Jahrtausendwende, mit einer regen Klosterbautätigkeit, verbunden mit zahlreichen Schenkungen, einhergeht. Die Klösterorte sind bevorzugt Berge, Halbinseln und Inseln, die vermutlich zur Zeit der Gründungen nicht oder nur dünn besiedelt, also „Wüste" waren, wobei andererseits die Distanz zu Siedlungen (oft Wohnort der Stifter) nicht allzu groß sein sollte. Daher sind auch in der Nähe von Städten (Konstantinopel, Prussa, Smyrna, Thessalonike, Athen usw.) verstärkt Klöster anzutreffen.

So beobachtet man in mittel- und spätbyzantinischer Zeit einen dichten Klösterbestand in Konstantinopel selbst (schon im 6. Jh. etwa 70 Klöster) und seinem weiteren Umland: beiderseits des Bosporus, auf den Inseln im Marmara-Meer und in Bithynien (besonders im Raum Kyzikos und am bithynischen Olymp). In Kleinasien sind weiters die Klosterberge Galesios (nördlich von Ephesos) und Latros (Latmos) am Herakleia/Bafa-See bei Milet sowie das gebirgige Hinterland von Trapezunt und Kappadokien hervorzuheben (vgl. Janin 1975). Weiters befanden sich auf fast allen größeren Inseln Klöster; hervorzuheben ist Patmos, das zur Zeit der Gründung des Johannes-Klosters (1088) unbewohnt war und zur Gänze Klosterinsel wurde. Räumliche Schwerpunkte der Klostergründungen im europäischen Reichsteil sind die Umgebungen von Athen (über zehn Klöster), Arta, Thessalonike und Skopje, die Klosterberge Kithairon, Pelion (Halbinsel Magnesia) und die Meteora, die Prespa-Seen, der Kastoria- und der Ochrid-See. Schließlich gab es in Sizilien, Kalabrien, Apulien und im Gebiet um Rom etwa 300 griechische Klöster (oft als „Basilianer-Klöster" bezeichnet, da sie sich an den Vorschriften des kappadokischen Kirchenvaters Basileios des Großen orientierten).

Einen Sonderfall stellt die Halbinsel Athos dar: Sie wurde nach einer Phase der Eremitenbesiedlung ab dem 10. Jh. ein exklusiv monastisches Territorium, dessen Grenze schon 943 festgelegt wurde. Der „heilige Berg" war damit nicht nur einer Laienbesiedlung und Nutzung (als Landwirtschafts- und Weideland) entzogen, sondern auch der Jurisdiktion des ursprünglich zuständigen Bischofs von Hierissos. Ab 963 wurden zunächst entlang der Konstantinopel zugewandten Nordostküste, später auch an der unwirtlicheren Südwestküste jene (schließlich) 20 Klöster errichtet, die bis heute die gesamte Halbinsel besitzen (darunter je ein bulgarischer, serbischer und russischer Konvent) und die zahlreichen anderen Mönchsniederlassungen (Einsiedeleien, kleine Gemeinschaften, Mönchsdörfer, Klöster und größere Sketen, darunter eine rumänische; vgl. Abb. 14) regieren. „Westliche" Gründungen (u.a. ein Sizilianer- und ein Kalabreserkloster) hielten sich nicht lange; lediglich das von Amalfi aus gegründete Benediktinerkloster nahe der „Großen Laura" (Flurname Morphonu) existierte bis in die dreißiger Jahre des 13. Jh.s. – Die Klöster besaßen Landwirtschaftsbetriebe und Großgrundbesitz („Metochia") auf der gesamten Chalkidike (besonders auf den Nachbarhalbinseln Longos/Sithonia und Kassandra), den nordägäischen Inseln sowie in Nordgriechenland und der gesamten Balkanhalbinsel.

Bibliographische Hinweise
Amand de Mendieta 1972. – Anastos 1957. – Beck 1959. – Chrysos 1969. – Darrouzès 1981. – Doens 1965. – Janin 1969 und 1975. – Karlin–Hayter 1981. – Koder 1967. – Nastase 1983. – Nicol 1975. – Papangelos 1984. – Restle 1966. – Vgl. auch Literatur zu den Abschnitten 7 und 9, weiters die entsprechenden Artikel im *Dictionnaire d'Histoire et de Géographie Ecclésiastiques* und im *Lexikon für Theologie und Kirche*.

Abb. 14: Die Klöster und Mönchssiedlungen der Halbinsel Athos/Hagion Oros.

Hierissos

M.a.Athos-Grenze

Amuliane

Uranupolis

Athos-Grenze

N

Chromitsa

Thebaïs

Chilandariu

Esphigmenu

Zographu

Kostamonitu

Docheiariu

Batopediu

Xenophontos

H. Demetrios

Skete Theotoku

Bogoroditsa

Panteleemonos

Prophetes Elias

H.

Andreas

Xeropotamu

Karyai

Pantokratoros

Daphne

Kutlumusiu

nach Konstantinopel

Stauroniketa

Skete Prodromu

H. Demetrios

Iberon

Simonos Petra

Gregoriu

Philotheu

Dionysiu

Karakallu

Probata

Hagiu Paulu

H. Demetrios

Nea Skete

Mikre H. Anna

Morphonu

H. Anna

Karaulia

Athos

Katunakia

H. Trias

Kerasia

Kausokalybia

Megiste Laura

Skete Prodromu

9. DIE SIEDLUNGEN

9.1. Die Hauptstadt Konstantinopel

Konstantinopel liegt in einer zentralen Lage der Kernräume des B.R., am Schnittpunkt potentieller Wirtschaftswege und Heerstraßen, deren Bedeutung seit der Spätantike zunahm und durch die Hauptstadtgründung gesteigert wurde. Seine Hauptstadtfunktion entwickelte sich nicht aus einem historischen Zufall – etwa das allmähliche Wachstum eines Staates aus einem Macht- und Wirtschaftskern begleitend –, sondern wurde für einen „fertigen" Staat festgelegt. Die Dominanz Konstantinopels brachte es mit sich, daß es für alle Siedlungen des byzantinischen Raumes ein absoluter Bezugspunkt und Maßstab wurde, die Stadt *(Polis)* schlechthin, neben der tatsächlich bald alle anderen Städte an Bedeutung weit zurückblieben, und dies selbst in spätbyzantinischer Zeit, als die Zergliederung des B.R. neuen Teilzentren eine Profilierungschance gab, da damals der Mythos der Kaiserstadt und des politischen und geistlichen Zentrums des orthodoxen Christentums den realen Machtverfall wettmachte.

Bestimmend für die Kür der neuen Hauptstadt war zunächst die politische und militärische Notwendigkeit, erflossen aus der Erfahrung des 3. Jh.s, im Osten des Reiches ein stabiles Zentrum zu schaffen, das – ungleich anderen östlichen Großstädten wie Antiocheia und Alexandreia – nicht vorbelastet war. Die konkrete Wahl fiel auf Byzantion wegen seiner geographischen Lage am Schnittpunkt der beiden Kontinente und der beiden

114

Binnenmeere, an einer traditionsreichen Kreuzung des Seeweges zwischen Schwarzem Meer und Mittelmeer und des Landweges von Europa nach Kleinasien.

Dieser Schlüsselstellung Konstantinopels blieben sich die Byzantiner bis zuletzt bewußt, sie war aber natürlich auch den türkischen Eroberern im 15. Jh. klar; einen schönen Beleg hiefür liefert der Historiker Kritobulos von Imbros (I 6–8) in seiner Beschreibung der dem Bau von Rumeli Hisar vorangehenden Überlegungen und diplomatischen Aktivitäten.

Die Großraumlage, verbunden mit den guten natürlichen Häfen der antiken Stadtsiedlung, garantierte die Getreideanlieferung zur See in großen Mengen, somit die Lebensmittelversorgung einer Großstadt, zunächst vorwiegend aus der Getreideproduktion Ägyptens und der Levante, späterhin mehr und mehr von den Küsten des Schwarzen Meeres. Hinzu kamen die Nahversorgung mit Öl, Wein und Fleisch von Westkleinasien und Thrakien und der Fischfang in den anliegenden Meeren. Ein wichtiger Faktor für den Ort der neuen Hauptstadt war die Halbinsellage zwischen dem Marmara-Meer und dem Goldenen Horn (griech. Keras, türk. Haliç), einem etwa 7 km langen und bis zu 800 m breiten Golf, der sich vom südlichen Eingang des Bosporus nach Nordwesten zieht und die Täler der kleinen Flüsse Kydaros/Alibey und Barbyses/Kağıthane fortsetzt (zum folgenden vgl. Abb. 15). So standen bei der Anlage der Befestigungen über zwei Drittel leichter zu verteidigende Seemauern einem knappen Drittel Landmauer gegenüber (ab dem 5. Jh.: Landmauer etwa 5,7 km, Mauer am Goldenen Horn 5,4 km, am Marmara-Meer 8,5 km). Die Schiffseinfahrt in das Goldene Horn konnte zudem durch eine Kette gesperrt werden, die den Eugenios-Turm der Stadtmauern mit einem gegenüberliegenden Festungsturm in Galata (Pera) verband (belegt seit Anfang 8. Jh.). Konstantinopel war zweifellos bis 1204 eine Großstadt. Als sich Konstantin d. Gr. 328 endgültig entschloß, die

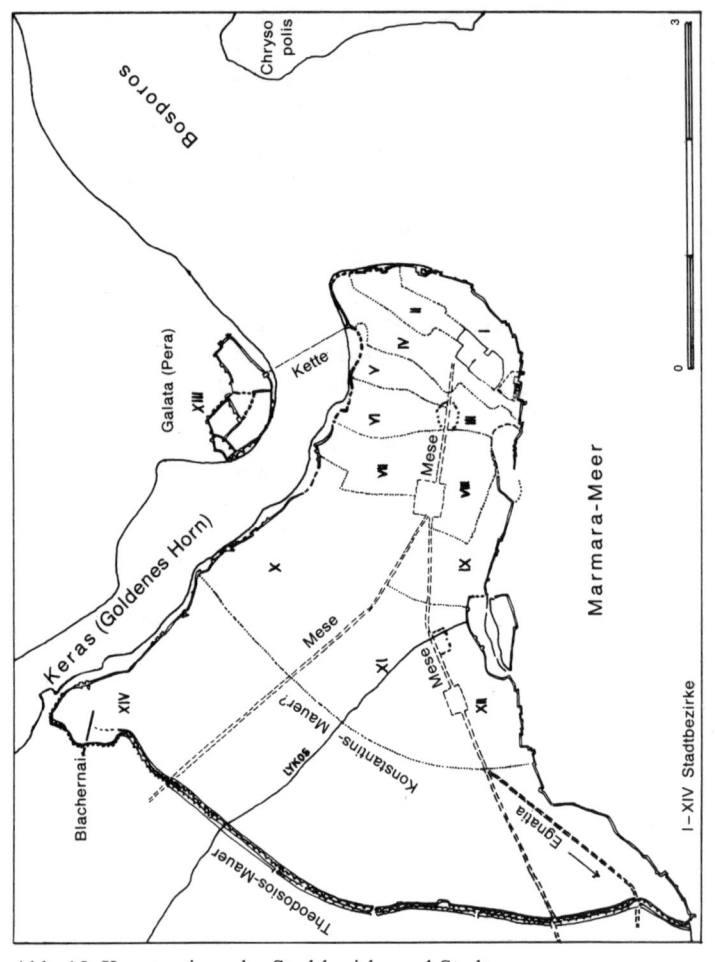

Abb. 15: Konstantinopel – Stadtbezirke und Stadtmauern.

116

324 nach ihm benannte Stadt zum „Neuen Rom" zu erheben – auch Chalkedon, Nikomedeia und Ilion wurden der Legende nach in Betracht gezogen –, ließ er zunächst das spätantike Stadtterritorium von 2 auf 6 km² erweitern. (Die damals errichtete „konstantinische" Landmauer ist nicht erhalten; ihr Verlauf kann ungefähr rekonstruiert werden.) Am Beginn der Regierungszeit Theodosios' II. (408–450) wurde das Stadtareal auf über 12 km² erweitert und durch eine neue, nach ihm benannte Landmauer befestigt (Fertigstellung 413), wodurch die Stadtfläche für die byzantinische Zeit endgültig festgelegt war. Das Areal gliederte sich in 14 *regeones* (Regionen, Stadtteile) und weiter in 322 *geitoniai* (Bezirke, eigentlich „Nachbarschaften"). In dieser weitesten Ausdehnung war das hügelige, vom Flüßchen Lykos durchzogene Stadtgebiet freilich niemals vollständig verbaut. Insbesondere in den zur Landmauer hin gelegenen Flächen war das „Stadtbild" durch vereinzelte Klöster, Weiler und Gehöfte mit dazwischenliegenden Gärten, Äckern und Weideland charakterisiert.

Konstantinopel erfreute sich dank der kaiserlichen Förderungsmaßnahmen und einer großstädtisch geplanten baulichen Substruktur in frühbyzantinischer Zeit eines überaus starken Zuzugs, was man nicht nur der Stadterweiterung des 5. Jh.s entnehmen kann, sondern auch den Einwanderungsrestriktionen in der ersten Hälfte des 6. Jh.s (unter Justinian I.). Die Stadt rangierte laut Ausonius Ende des 4. Jh.s unter den 20 Großstädten des Römischen Reiches noch hinter Rom an zweiter Stelle, galt aber dann um 430 bereits als größte Stadt (so der Kirchenhistoriker Sozomenos). Zählte Konstantinopel um 400 nach dem Bericht des Johannes Chrysostomos etwa 100.000 Christen (also vielleicht insgesamt die doppelte Zahl an Bewohnern), so waren zur Zeit Justinians I. *panes publici* für 600.000 Menschen vorgesehen (wobei eine Reserve einzukalkulieren sein wird). Doch dürfte man nicht fehlgehen, wenn man für das 6. Jh. – vor der großen Pestwelle der vierziger Jahre – eine Stadtbevölkerung von etwa 400.000 (sicher unter 500.000) annimmt. Bis 1204 dürfte dieser Stand nicht mehr erreicht worden sein, die Bevölkerungszahl aber durchwegs deutlich über 100.000 gelegen haben.

Von der Eroberung des Jahres 1204 und der Lateinerherrschaft im 13. Jh. erholte sich Konstantinopel weder baulich noch demographisch. Die Wiederaufbautätigkeit der frühen Palaiologenzeit gestaltete sich mühsam, und für die erste Hälfte des 15. Jh.s, den Vorabend der türkischen Eroberung, schätzt man die Bevölkerungszahl auf 40.000 bis 50.000. Die Zahl der Verteidiger gibt Georgios Sphrantzes 1453 mit knapp 7000 Mann an, das angreifende türkische Landheer mit über 58.000 Mann, wozu eine feindliche Flotte von insgesamt 420 Einheiten kam. (Zu Konstantinopel vgl. u.a. Janin 1964, Dagron 1974, Müller–Wiener 1977.)

9.2. Siedlungsentwicklung

Die letzten 150 Jahre der staatlichen Existenz vielleicht ausgenommen, lebten mindestens 90 Prozent der Byzantiner nicht in der Hauptstadt und ihrer näheren Umgebung; die meisten von ihnen sahen Konstantinopel wohl niemals. Da aber die byzantinischen Geschichtsschreiber – als Folge der besonderen Hochschätzung der Kaiserstadt – ihr Interesse weitgehend auf die Geschichte der Kaiser, des Hofes und der Reichszentrale richten, wissen wir über die Entwicklung von Siedlung und Bevölkerung außerhalb Konstantinopels erstaunlich wenig.

Bezüglich der Hauptstadt selbst wurde bereits oben konstatiert, daß sie bei einer ummauerten Fläche von mehr als 12 km² vor 1204 durchwegs über 100.000 Einwohner aufzuweisen hatte, also nicht nur nach mittelalterlichen Begriffen eine Großstadt war, sondern selbst unter den Weltstädten ihrer Zeit eine Sonderstellung einnahm. In frühbyzantinischer Zeit läßt sich die Orientierung der byzantinischen Städte an Konstantinopel unter anderem an der kirchlichen Struktur ablesen, da (nach einem Gesetz des 5. Jh.s) jede Stadt Bischofssitz war und aus der kirchlichen Hierarchieabfolge eine „Rangordnung" der Städte erschlossen werden darf, die jedenfalls mit dem Rang der Stadt in der Zivilverwaltung konform ging, aber allgemeiner auch deren gesamtes Prestige betraf.

Ab dem 7. Jh. folgen die weiteren Städte des B.R. Konstantinopel, was die Siedlungsgröße und Bevölkerungszahl anlangt, erst in erheblichem Abstand, ja man muß sich fragen, ob dann außer Konstantinopel überhaupt echte Großstädte im Reichsgebiet existierten. Von der ummauerten Fläche her erscheint dies am ehesten bei Thessalonike (knapp 400 ha) denkbar, für welches als bedeutendes Wirtschaftszentrum (Handelsmesse), Verkehrsknotenpunkt, Umschlagplatz sowie kirchlicher und administrativer Zentralort von überregionaler Bedeutung in Blütezeiten bis an die 100.000 Einwohner denkbar sind. Zahlreiche byz. Schriftsteller – Johannes Kaminiates (BG 9), Eustathios von Thessalonike (BG 3), Timarion, Johannes Anagnostes und andere – bezeugen die Vitalität Thessalonikes.

Sonst waren die Städte in mittel- und spätbyzantinischer Zeit wesentlich kleiner. Ab dem 6. Jh. zielte die Stadtplanung sowohl bei den seltenen Neugründungen als auch bei Erneuerungen antiker und frühbyzantinischer Stadtsiedlungen auf die Sicherheit der Einwohner ab. Daher wurde das ummauerte Territorium nach Möglichkeit klein gehalten und dicht besiedelt. Dies bezeugen Neugründungen wie Monembasia im 6. Jh. und das fränkische Mistra im 13. Jh. ebenso wie Stadterneuerungen, bei denen bereits Justinian I. fallweise eine Verlegung in gesicherte Lagen anordnete (z.B. Euroia und Adrianupolis in Epirus, Arykanda in Lykien, Mokissos in Kappadokien). Ähnlich ließen auch die Komnenenkaiser im 12. Jh.

viele im Seldschukensturm nach 1071 verwüstete Städte nach der Wiedereroberung des betreffenden Raumes wieder aufbauen – die byzantinischen Historiker zählen für die Zeit vor 1180 18 namentlich auf (mit der Bemerkung „ und viele andere"); doch wurden die befestigten Stadtflächen häufig wesentlich reduziert und in leichter zu verteidigende Lagen verlegt.

Der auf die Kriege mit den Persern unmittelbar folgende Arabersturm im Osten und die im Zusammenhang mit den Avarenzügen stehende Slavenansiedlung im europäischen Reichsteil hatten bei aller Unterschiedlichkeit der Entwicklung im Detail ab dem 6. Jh. doch ähnliche siedlerische Folgen: In Gebieten, die bereits durch die Pestkatastrophe (ab 540) und durch andere Faktoren einen Bevölkerungsrückgang erfahren hatten, war nun der Landfriede nicht mehr zu garantieren. Daher ging die Zahl der Siedlungen im Offenland (in Tal- und Beckenlagen) stark zurück; sie werden zum Teil durch befestigte Kleinstädte auf Anhöhen (und Berggipfeln: Beispiel Ovacik Hisar am Bey Dag in Lykien, mit etwa 5000 m² ummauerter Fläche; vgl. Harrison 1980) ersetzt.

Die Dörfer, deren Befestigung nicht möglich war, verschwanden oder rückten von den Verkehrswegen in Tälern und Ebenen an die Berghänge ab, wobei aus praktischen Überlegungen die Wassernähe (wo vorhanden der Quellhorizont der Gebirge) gesucht wurde. Oft in landwirtschaftlich weniger ertragreichem Umland installiert, reduzierte sich die Siedlungsgröße, so daß bei verminderter oder (regional) auch gleichbleibender Gesamtbevölkerungszahl die Zahl der Siedlungen sogar ansteigen konnte, etwa dort, wo die Bevölkerungsrückgänge des 6. und 7. Jh. durch Neuansiedlung (vor allem der Slaven) ausgeglichen wurden. Denn während die arabischen Vorstöße ins Innere Kleinasiens meist in erster Linie die Plünderung (und sekundär auch die Entvölkerung) zur Folge hatten und so die politische und wirtschaftliche Macht des B.R. schwächten, bewirkten die

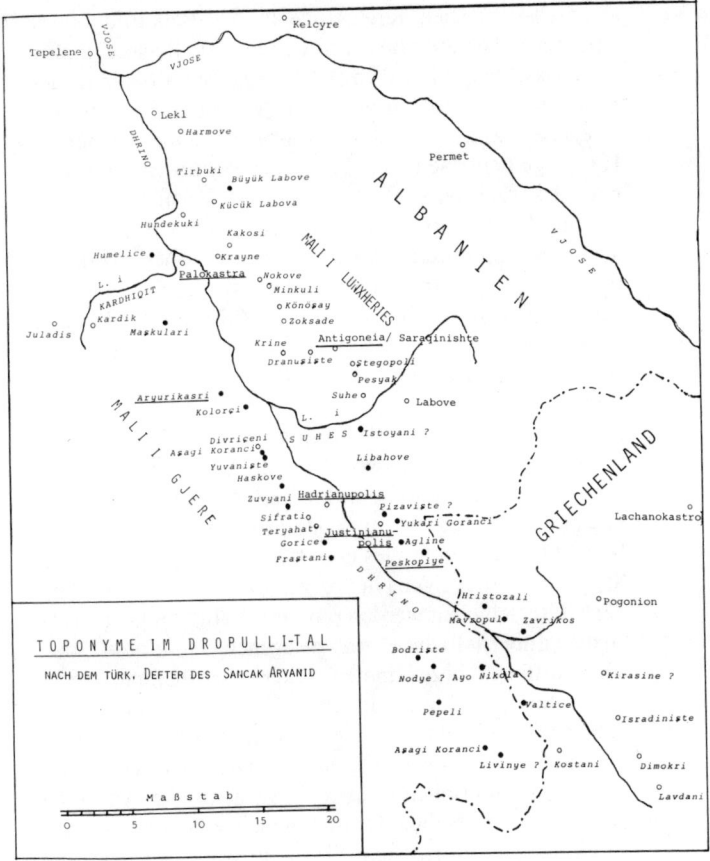

Abb. 16: Siedlungsentwicklung im Dropulli-Tal (Alt-Epirus):
Unterstrichene Ortsnamen bedeuten Siedlungen *bis* zum 6. Jh.,
kursive Ortsnamen Siedlungen *nach* dem 6. Jh.

avarisch-slavischen Kriegszüge in der Balkanhalbinsel eine weitreichende Slavenansiedlung. Als Beispiel hiefür kann das Dropulli-Tal in Alt-Epirus (Südalbanien) dienen (vgl. Abb. 16), in welchem drei spätantike, im Tal gelegene Landstädte durch etwa 50 kleine Dörfer in Hanglage beiderseits des Tales ersetzt wurden. Die Aufgabe des fruchtbaren Talbodens durch Vernichtung oder Flucht der bisherigen Einwohner brachte dort dessen Versumpfung durch den Fluß Dhrino mit sich, wodurch bis in das 20. Jh. eine Wiederbesiedlung des Tales verhindert wurde. Die gestiegene Zahl der Siedlungen bedeutet keinesfalls, daß die neue – wie die Toponyme zeigen vorwiegend slavische – Bevölkerung zahlreicher war.

Das byzantinische Dorf (frühbyz. noch *kome,* welcher Ausdruck jedoch bald von *chorion* in den Hintergrund gedrängt wurde) bestand in Binnenregionen aus lockeren Gruppen von Häusern, an welche die zugehörigen Gärten beträchtlichen Umfanges unmittelbar anschlossen, die in Steuerurkunden eigens hervorgehoben und von den Feldern unterschieden werden (als „esothyra" im Gegensatz zu dem außerhalb des Dorfes gelegenen Grundbesitz, den als „exothyra" bezeichneten Äckern; vgl. Kaplan 1980). Die intensive Gartenwirtschaft dürfte in fruchtbaren Schwemmlandebenen und im Umland von Konstantinopel – auch in den unverbauten Teilen der Stadt innerhalb der theodosianischen Mauer – beträchtliche Ausmaße erreicht haben. Neben der in unterschiedlichem Ausmaß geschlossenen dörflichen Siedlungsform begegnet die unter einem Orts- oder Flurnamen zusammengefaßte Streusiedlung *(ktesis)* mit Einzelgehöften *(ktesidion).* Dorf und Einzelgehöft existierten nebeneinander, unabhängig von Größe der Güter und von Besitzformen (freies Bauerntum, Pachtland, Großgrundbesitz des Kaiserhofes, des Adels oder der Klöster = *proasteion* oder auch *metochion* = latein. *villa;* vgl. Kaplan 1980). Die Städte verlieren nicht nur ab der frühbyzantinischen

Zeit die Polis-Autonomie, sondern auch ab dem ausgehenden 6. Jh. mehr und mehr den spezifisch städtischen Charakter. Von dieser Entwicklung bleiben – dank der engen Meeresbezogenheit des B.R. – die großen Handelshäfen ausgenommen, wenngleich der teilweise Verlust der byzantinischen Seehoheit im 7. Jh. und die arabische (aber auch christliche) Piraterie auch zahlreichen Küstenstädten eine Beeinträchtigung oder den Untergang brachten. Den Hafenstädten blieb immerhin der städtische Charakter weitgehend erhalten; Thessalonike, Trapezunt und Ephesos beispielsweise haben regelmäßig Handelsmessen und können auch weiterhin als *poleis* bezeichnet werden. Allgemein muß aber ab dem ausgehenden 6. Jh. mit einem Rückgang der dichten spätantiken Polis-Besiedlung gerechnet werden, dem nur wenige – meist aus einem Festungskern erwachsende – echte Neugründungen ab den „dunklen" Jahrhunderten entgegenstehen (Beispiele: Monembasia, Mistra, Serbia, Palaiochora auf Aigina), während es in mittelbyzantinischer Zeit öfter zur Wiederbesiedlung antiker Stadtlagen kommt (vgl. v.a. Kirsten 1958; Bouras 1981).

Im Vergleich mit der Spätantike, aber auch noch der frühbyzantinischen Zeit wird das Stadtbild – sieht man von militärischen Anlagen ab – davon geprägt, daß als Gemeinschaftsbauten die Kirchen weitgehend dominieren. Ansonsten verwischt sich einerseits der Unterschied zwischen der Stadt und der dörflichen Siedlung, da auch die Stadtbevölkerung zum großen Teil in der Landwirtschaft der Umgebung arbeitet, während Handwerk und Handel einen geringeren Anteil der Bevölkerung ausmachen und sich auf weniger Städte konzentrieren. Anderseits nähert sich die Stadt infolge ihres nunmehr wichtigsten Merkmales, der Befestigung, typologisch der Festung an, weshalb auch der Terminus „kastron" (Burg) als Bezeichnung der Stadt geläufig wird, zugleich aber auch als Festungsbezeichnung erhalten bleibt. Auch die Militarisierung des Staates insgesamt und insbesondere der Verwaltung durch die Themenordnung, welche viele handwerkliche Produktionsbereiche in ihren Bannkreis zog, verstärkte diese Entwicklung. Eine Konstante ist allerdings die oftmals auf eine antike Polis zurückzuführende Siedlungslage.

Sicherheit ist somit der bestimmende Faktor der Siedlung. Er konnte bei kleinen Dörfern vielleicht allein durch die geographische Lage – Distanz vom Verkehrsweg, schwieriger Zugang, Rückzugslage – erreicht werden. Je größer aber die Bevölkerungsansammlung war, in desto stärkerem Ausmaß begegnen bauliche Schutzmaßnahmen. Diese beginnen mit einem einfachen Festungsturm an einer markanten Erhebung innerhalb des verbauten Dorfgebietes (zahlreiche spätbyzantinische Beispiele in Südgriechenland und Euböa). Daneben bestehen bereits in mittelbyzantinischer Zeit relativ große, aber oft nur aus einem einfachen Mauerzug in Ausnützung des Geländeverlaufes bestehende Fluchtburgen nahe oberhalb eines größeren Dorfes, welche in manchen Fällen die Wasserversorgung des Dorfes mit umschlossen (z.B. Tzibiskos/Grizanon in Thessalien), meist aber mit Zisternen ausgestattet waren. Sie wurden nicht ständig bewohnt und nahmen nur im Fall eines Angriffes die Bevölkerung samt Vieh und beweglichem Gut auf.

War eine Siedlung Garnisonsort oder Sitz einer regionalen Verwaltung, so ist eine ständige Besiedlung der Festungsanlage anzunehmen, die auch manche Handwerksbetriebe an sich zog, so daß sie mehr und mehr den Charakter eines Teiles, ja des Zentrums der Siedlung erhielt, ohne deswegen städtischer zu wirken.

Die spätbyzantinische Zeit brachte mit der „Lateinerherrschaft" die Kenntnis und Verwendung der westlichen mittelalterlichen Burgen als Feudalsitze und einer verfeinerten Festungsbautechnik. Die Errichtung der Burg des politischen Machthabers außerhalb der Siedlung scheint – nicht nur in bezug auf die fremden Eroberer, sondern allgemein – die Distanz zwischen dem Machthaber und

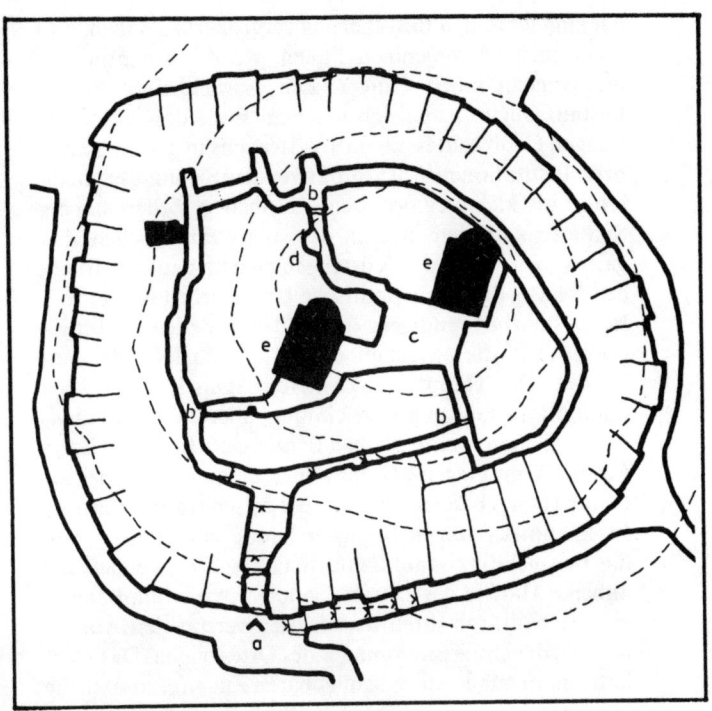

Abb. 17: Befestigtes Dorf Pyrgos auf Santorin/Thera:
a Haupttor, b weitere Tore, c Dorfplatz,
d gemeinschaftliches Backhaus, e Kirchen.

125

der einheimischen Bevölkerung vergrößert zu haben, und zwar auch in denjenigen Fällen, wo die byzantinische Staatsmacht nach einiger Zeit zurückkehrte. Diese Distanz dürfte – zugleich mit dem Ende des funktionsfähigen Großstaates und des Vertrauens in dessen Schutz bzw. Institutionen – die Initiativen der Siedlungsgemeinschaft als kleinerer politischer Einheit gefördert haben. Spätestens ab dem Beginn der spätbyzantinischen Zeit gab es – vorwiegend in Küstengebieten und auf den Inseln der Ägäis – die durch politische Unsicherheit und Piraterie existenznotwendigen, dauernd besiedelten Festungsdörfer (z.B. die „Mastichochora" = Mastixdörfer, auf Chios). Die Hauptorte kleinerer Ägäis-Inseln tragen dann oft als Gattungsbezeichnung, aber auch als individuelles Toponym den Namen Pyrgos oder Kastron (Burg, Festung), im Gegensatz zum ungeschützten Ort, der als Chora (Dorf) bezeichnet wird. Bei diesen Burgdörfern als Inselhauptsiedlungen begegnet häufig ein Typus – vgl. das Beispiel Pyrgos auf Santorin (Abb. 17) –, bei dem die äußeren Häuser des Dorfes, ohne Zwischenraum aneinandergebaut, mit ihren fensterlosen verstärkten Außenmauern die Umfassungsmauer des Ortes bilden. Das Dorf hatte dann nur einen verschließbaren Zugang; zusätzliche „innere" Tore ermöglichten bei einer drohenden Eroberung den Schutz einzelner Ortsteile und vor allem des höher gelegenen Ortskernes.

Daneben gibt es gerade in den spätbyzantinischen Jahrhunderten die als Fluchtburgen geplanten Ortskerne, die von den (westlichen) Feudalherren bereits als Zufluchtsstätten für die Gesamtbevölkerung einer Insel geplant wurden. Charakteristisch hiefür ist das dreigeschossige, nach 1439 entstandene „Kastron" der kleinen Kykladen-Insel Antiparos (vgl. Abb. 18), dessen rechteckige Anlage um einen Innenhof (Seitenlänge etwa 40 m), in dessen Mitte noch ein – später verbauter – Turm stand, auf knapp 50 Wohneinheiten und eine große Zahl von Lagerräumen berechnet war.

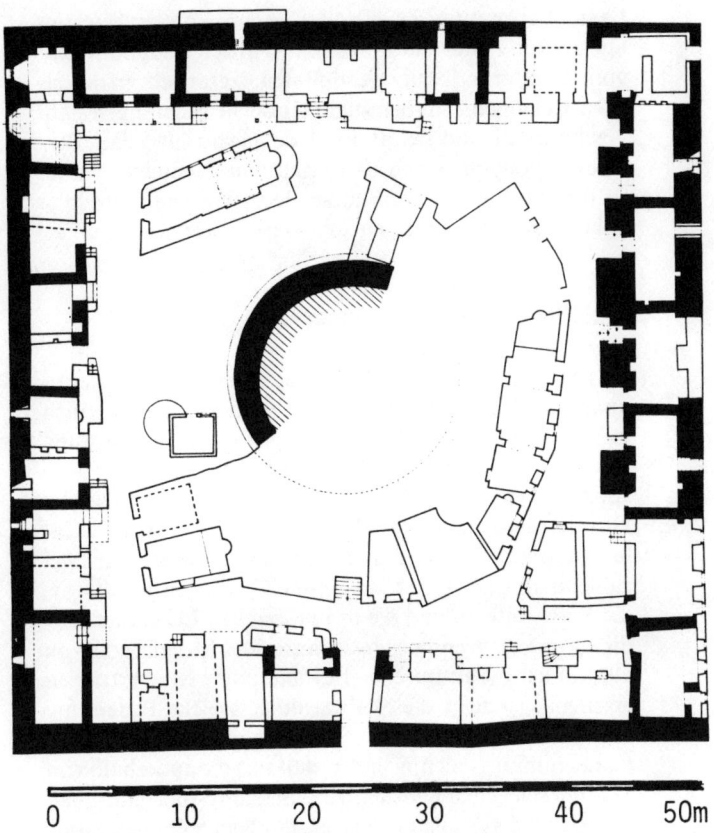

0	10	20	30	40	50m

Abb. 18: Antiparos, dreigeschossiges „Kastron" des
15. Jahrhunderts: Eingang von Süden, in der Mitte Reste
eines Rundturmes, nordwestlich davon eine spätere Kapelle.

Es steht aber außer Zweifel, daß es neben diesen befestigten zu allen Zeiten auch – vor allem in den festländischen, vom Großgrundbesitz bestimmten, agrarisch ertragreichen Regionen – unbefestigte ländliche Siedlungen gab. Nachweisbar sind sie oft durch den Typus und das Alter eines Toponyms, kaum aber jemals durch bauliche Reste, so daß über die Anlage dieser Dorftypen im einzelnen noch keine Aussagen gemacht werden können.

9.3. Klöster

Das Mönchtum hatte nicht nur allgemein für die byzantinische Kultur (vgl. oben 8.2.), sondern speziell auch infolge seines hohen Anteils an der Gesamtbevölkerung große Bedeutung. So stellt beispielsweise der Patriarch Johannes von Antiocheia (11. Jh.) in einer Rede über die Unveräußerlichkeit von Klosterbesitz (PG 132, 1128) fest, daß am Beginn des 8. Jh.s „die Oikumene in zwei zahlenmäßig fast gleich starke Bevölkerungen geteilt war, die Verheirateten und die in Ehelosigkeit Lebenden" (= die Mönche). Wenngleich ein Anteil des Mönchtums von 50% an der byzantinischen Bevölkerung weit übertrieben erscheint, so zeigt dieses Zitat doch, welche Bedeutung das Mönchtum für das Siedlungsbild haben mußte. Daher nimmt es nicht wunder, daß sich die außerhalb von Städten gelegenen Klöster in das Siedlungsbild einordnen lassen und den Stellenwert eigenständiger Siedlungen aufweisen. Wenngleich sie häufig an unbesiedelten Plätzen oder Wüstungen gegründet wurden, zogen sie doch oft eine dörfliche Ansiedlung (Landarbeiter und allgemein Laien im Klosterdienst) nach sich, die in einzelnen Fällen (charakteristisch: Patmos) erheblichen Umfang annahm. Hatten die Klostermauern in Stadt und Freiland ursprünglich vor allem den Symbolcharakter einer Trennung der himmlichen von der irdischen Welt, so wurden sie bald reale Schutzwälle. Bereits manche frühen Klöster

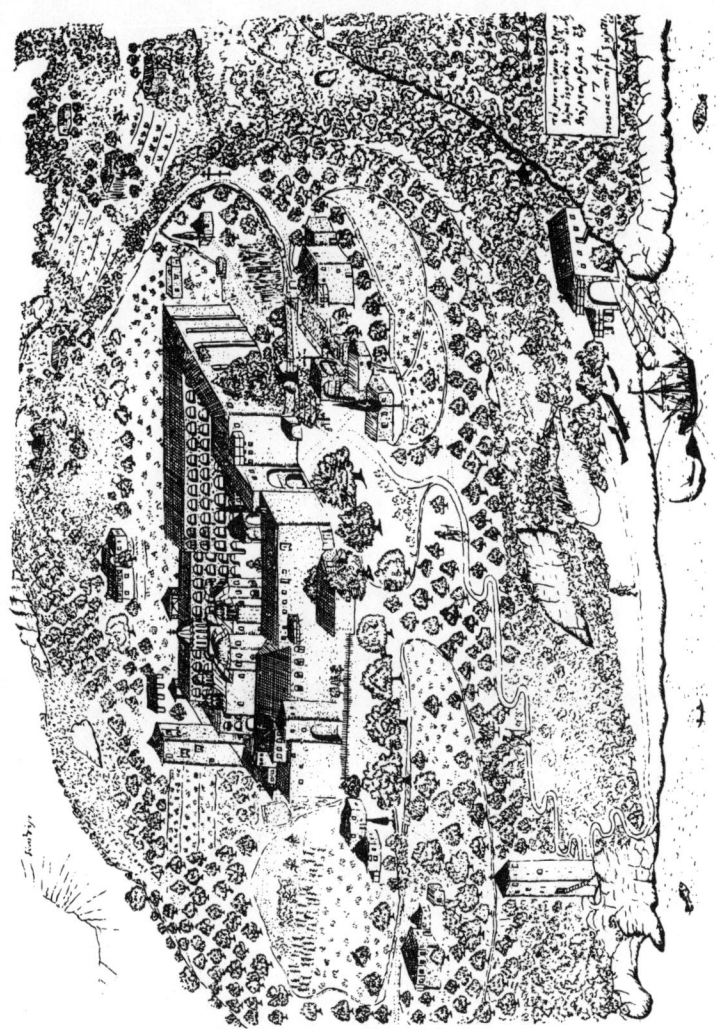

Abb. 19: Das Athos-Kloster Xeropotamu (Skizze von Barskij, 1744): An die in etwa rechteckige Klosterumfassungsmauer setzen innen Zellen an, denen Arkadengänge vorgelagert sind (im Hintergrund erkennbar); an der linken Mauer der Wehrturm, im Hof freistehend das Katholikon, eine Kreuz-kuppelkirche; rechts das Klostertor; außerhalb des Klosters am Hafen ein Wachtturm und das Bootshaus (Arsanas) mit Anlegestelle.

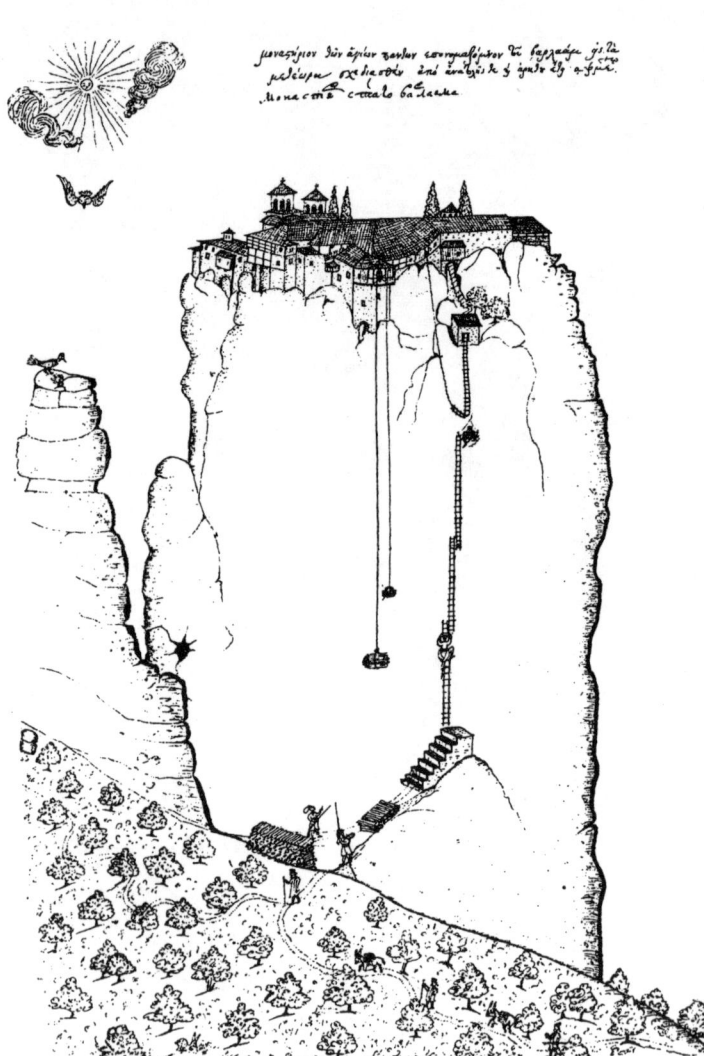

Abb. 20: Kloster Barlaam, Meteora
(Skizze von Barskij, 1745).

Ägyptens und Palästinas, dann die mittel- und noch mehr die spätbyzantinischen Klöster tragen äußerlich zur Gänze die Züge einer befestigten Siedlung oder Burg, wozu nicht nur die festungsartige Außenmauer, sondern auch die aufwendige Toranlage und der Wehrturm beitrugen. Immerhin blieb ein Charakteristikum des Klosters, die im Zentrum des Innenhofes frei stehende Kirche als beherrschender Mittelpunkt, stets erhalten (vgl. die Darstellung des Athos-Klosters Xeropotamu von 1744, Abb. 19.) Auf Verteidigungsanlagen konnte nur dort verzichtet werden, wo die natürliche Lage der Klöster dies unnötig machte; dies ist beispielsweise bei den Mitte des 14. Jh.s gegründeten Meteora-Klöstern in Thessalien der Fall, deren Blüte bereits in der Zeit der Türkenherrschaft liegt (vgl. Nicol 1975; Philippson–Kirsten I 31 ff.). Die Meteora („Die in der Luft, zwischen Himmel und Erde Schwebenden") befinden sich auf den Gipfelplateaus von fast unzugänglichen, seit dem Tertiär durch Erosion und Auswitterung entstandenen Felstürmen, die bis in das 19. Jh. lediglich durch primitive Lastenaufzüge und fragile, zum Teil von oben einziehbare Leitern erreichbar waren (vgl. die Darstellung des Barlaam-Klosters von 1745, Abb. 20).
Die Klöster sind, bei häufiger Autarkie, mit ihren integrierten Landwirtschaften und Handwerksbetrieben bisweilen eher einer kleinen Landstadt als einem rein ackerbauorientierten Dorf vergleichbar. Analog den Konventen selbst sind die im Besitz von Klöstern befindlichen Domänen (griech. *metochion*) in spätbyzantinischer Zeit häufig um eine kleine, befestigte Anlage herum angelegt (die in einzelnen Fällen bereits in mittelbyzantinischer Zeit existiert haben mag).

9.4. Anhang: Festungsanlagen

Eine über die Maßnahmen zum Schutz einer Einzelsied-
lung hinausgehende systematische, staatlich gesteuerte
Festungsbautätigkeit in Form von Verteidigungsbauten
an den Grenzen des Staates oder einzelner Territorien
begegnet nur bis zum 6. Jh. in der Tradition der spätrömi-
schen Limes-Anlagen, deren Erhaltung bzw. Wiederher-
stellung bis in justinianische Zeit gesetzlich verankert war
(Cod. Theodos. VII 15.1., Cod. Justin. I 27.2). Während
aber damals entlang der Donaugrenze die fortlaufenden
Limes-Anlagen der Kaiserzeit noch teilweise erhalten
gewesen sein dürften, ist an den Ostgrenzen Kleinasiens,
Mesopotamiens, Syriens und Palästinas meist lediglich
eine unterschiedlich dichte Abfolge von Legionslagern,
Kastellen und Wachttürmen nachweisbar, welche zusammen mit den zum Teil befestigten Siedlungen feindliche
Bewegungen unter Kontrolle halten konnten. Sie verlie-
fen zwischen Trapezunt und dem Euphrat im ungefähren
Grenzverlauf zum Perserreich und von hier zum Golf von
Aqaba in der Grenzzone zwischen Siedelland und Wüste,
wobei südlich des Euphrat, in Syrien und Palästina, in
manchen Abschnitten vor die Hauptlinie vorgeschobene
einzelne Wüstenforts in Oasen nachweisbar sind.
Die Berichte Prokops und die Grabungsbefunde bezeugen eine über den Grenzschutz hinausgehende Festungsbautätigkeit zur Zeit Justinians I. und seiner Vorgänger
Justin I. und Anastasios I. auch im Inneren des Reiches,
die der bedrohlichen politischen Lage im 5. Jh. Rechnung
trug. Unter Justinian wurden beispielsweise die ,,Langen
Mauern" (griech. *makra teiche*) verstärkt und verbessert,
welche Anastasios I. im Vorfeld Konstantinopels, zwischen Selymbria am Marmara-Meer und der Schwarzmeerküste, errichtet hatte. Infolge ihrer Länge (etwa
45 km) konnten sie aber niemals ausreichend besetzt
werden, um der Hauptstadt einen Schutz zu gewähren.
Etwas erfolgreicher waren andere ähnliche Anlagen, so

das Thermopylensystem, welches sich knapp 20 km von der Küste des Malischen Golfs ab ins Landesinnere der Phthiotis zog. (Es wurde im 6. Jh. ausgebaut und im 10. Jh. erneuert.) Diese Anlage gebot mehreren Barbarenangriffen des 6. Jh.s und in ihrer erneuerten Form den Bulgaren im 10. Jh. Einhalt. Geradezu als fatal erwies sich der justinianische Neubau der Verteidigungsmauern am Isthmos von Korinth, da man durch sie die Peloponnes vor allen Angriffen zu Land geschützt glaubte und daher die Mauern der Peloponnes-Städte nicht erneuerte. Tatsächlich dürften aber die slavischen Einwanderer im ausgehenden 6. und im 7. Jh. den Golf von Korinth weiter westlich, zwischen dem Golf von Itea und Naupaktos, mit Booten überquert haben. Sie fanden dann gerade in der Peloponnes mit ihren nicht mehr ummauerten Städten günstige Eroberungsbedingungen vor. Noch im 15. Jh. erneuerten die Despoten von Mistra als Beherrscher der Peloponnes die Isthmos-Mauern mehrmals gegen die Angriffe türkischer Heere, welche die Befestigungen freilich jedesmal wieder zerstören und die Halbinsel ungehindert plündern konnten.

Weitere fortlaufende Festungsanlagen sind im B.R. nicht bekannt: selbst die vielumkämpfte Ostgrenze gegen die Araber bestand lediglich aus einzelnen Burgen und kleinen Stadtfestungen, die einander im besten Fall eine Art Nachbarschaftshilfe auf Gegenseitigkeit zu leisten vermochten. – Die Erhaltung der Stadt- und Burgbefestigungen oblag in mittel- und spätbyzantinischer Zeit der einheimischen Bevölkerung, welche hiefür zum Teil in Form von Frondiensten (griech. *kastroktisia* = Festungsbau) beitragen mußte.

Bibliographische Hinweise
Ahrweiler, Ville o.J. – Antoniadis–Bibicou 1965. – Asdracha 1976. – Beck 1973. – Bon 1969. – Bouras 1981. – Cahen 1968. – Chrysochoides 1979. – Dagron 1974. – Dölger 1958. – Doumanis–Oliver 1974. – Gregory 1982. – Gutwein 1981. – Harrison

1980. – Harrison/Lawson 1979. – Hellenkemper 1976. – Hoepf-ner/Schmidt 1978. – Hohlfelder 1982. – Hrochova 1979. – Janin 1964, 1969 und 1975. – Kaplan 1980. – Karlin–Hayter 1982. – Kirsten 1956, 1958 und 1981. – Koder 1973, 1977 und 1982. – Lefort 1979. – Lepelley 1979/81. – Mikulčić 1974. – Müller–Wiener 1977. – Orlandos 1958. – Philippa–Apostolu 1978 und 1980. – Rapanić 1979. – Ravegnani 1982. – Restle 1976. – Soulis 1963. – Vryonis 1971.

10. DIE BEVÖLKERUNG

10.1. Sprachen im Byzantinischen Reich

Die Vielfalt und die starke Fluktuation der Bevölkerung des B.R. und die Unterschiedlichkeit ihres jeweiligen Integrationsgrades zu *einem* Zeitpunkt, der aber eine hohe Integrationsfähigkeit des Staates gegenüberstand, zeigen sich bereits bei der Sprachenfrage.
Wenngleich zumindest auch das Syrisch-Aramäische (und unter Einschränkungen das Koptische) als Weltsprachen der spätantiken Oikumene bezeichnet werden darf, so blieben doch ausschließlich Latein und Griechisch die beiden Reichssprachen des Römischen Reiches. Am Beginn der byzantinischen Zeit war das Griechische die dominierende Offizialsprache der östlichen Reichshälfte. Es war freilich in vielen Sprachbereichen, nicht nur des Alltags, seit dem 2. Jh. vor Christus einem unterschiedlich starken Einfluß des Lateinischen ausgesetzt, welches insbesondere als Kommandosprache beim Militär, als Sprache der Gesetzeskodifikation und in der Rechtsprechung als verbindlich galt und sich lange halten konnte: Noch die justinianische Rechtskodifikation und das Militärhandbuch des Maurikios (Anfang 7. Jh.) dokumentieren die Latinität der beiden Sprachbereiche. Grundsätzlich gab es – wie an der Westgrenze der Cyrenaica in Afrika – eine lateinisch-griechische Sprachgrenze in der Balkanhalbinsel, die im wesentlichen seit der Wende 2./3. Jh. stabil blieb und ungefähr dem Verlauf der administrativen Nordgrenze von Makedonien und Thra-

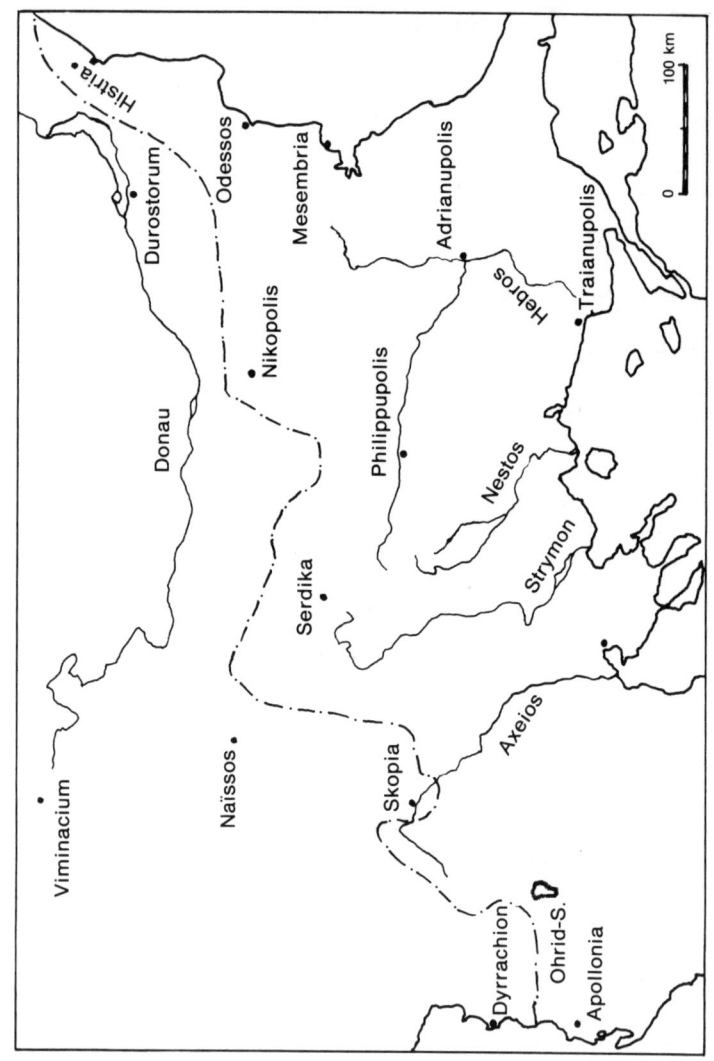

Abb. 21: Die lateinisch-griechische Sprachgrenze in Südosteuropa
in frühbyzantinischer Zeit.

136

kien folgte, wobei beiderseits Sprachinseln begegnen (vgl. Abb. 21). Sie begann an der Adria-Küste zwischen Dyrrachion und Apollonia, etwa bei der Mündung des Skompos, und verlief, soweit sie sich dank epigraphischer Denkmäler fixieren läßt, am Nordende des Ochridsees, nördlich des Oberlaufs des Vardar, südlich von Skopia, südöstlich von Naissos und am Südrand der bulgarischen Donautafel zum Schwarzen Meer. Die Schwarzmeer-küste war traditionell von der griechischen, Dalmatien von der lateinischen Sprache dominiert, aus welcher sich bis zum 7. Jh. das Dalmatische entwickelte (vgl. Schramm 1981; B. Gerov, in: Die Sprachen im röm. Reich der Kaiserzeit 1980).

In Kleinasien (und bis zu Erfindung der armenischen Schrift am Beginn des 5. Jh.s auch in Armenien) war Griechisch die Schrift- und Offizialsprache, ebenso im römischen Mesopotamien, in Syrien, Arabien, Palästina und Ägypten. In den nahöstlichen Provinzen war es zudem – neben der herrschenden Volkssprache des Sy-risch-Aramäischen (und in Ägypten des Koptischen) – in allen Volksschichten in unterschiedlichem Ausmaß ver-breitet. Eine lateinische Sprachinsel stellte Berytos durch seine Juristenschule dar. Da sich in Kleinasien bereits um die Zeitenwende die griechische Koine weitgehend durch-gesetzt hatte, ist im 4. Jh. lediglich in Rückzugsgebieten mit Relikten vorgriechischer Sprachen zu rechnen. Am ehesten erscheinen aus inschriftlichen und patristischen Zeugnissen das Spätphrygische und das Galatische (Kel-tische) in Zentralanatolien gesichert.

Ab der frühbyzantinischen Zeit setzte sich das Griechi-sche als staatstragende, kulturelle und religiöse Sprache innerhalb der jeweiligen Reichsgrenzen weitgehend durch, auch in den Siedlungsgebieten neu eingewanderter Bevölkerungen, die ihre Muttersprache als Gebrauchs-sprache beibehielten. Doch erfolgte die sprachliche Inte-gration der Slaven auf lange Sicht lediglich in ihren Siedlungsgebieten südlich der via Egnatia nachhaltig, da die frühe Staatlichkeit der Bulgaren, die nicht sprachlich gräzisierende (lediglich kulturell byzantinisierende) Slavenmission und die slavischen Staatenbildungen ab dem 12. Jh. den slavischen Sprachen im byzantinischen Einflußraum eine tragfähige Basis zur Weiterentwicklung boten. Lediglich zwei vorslavische Sprachen – das Albanische und das Rumänische (bzw. deren Vorformen) – überdauerten in Südosteuropa.

Anders war die Lage im asiatischen Teil des B.R.: Hier verdeutlichte und verfestigte der Verlust der Ostprovinzen an die Araber im sprachlichen Bereich eine ungefähre Euphrat-Taurus-Grenze, die vordem schon die griechisch dominierten von den syrisch oder armenisch dominierten Gebieten in administrativer und kirchlicher Hinsicht getrennt hatte. Freilich blieb die Levanteküste trotz der fortschreitenden Arabisierung noch lange – auch auf der literarischen Ebene – der griechischen Sprache und Kultur verbunden.

Die Kreuzzüge und die Expansion des italienischen Levantehandels bewirkten ab dem ausgehenden 11. Jh. den Einfluß des Italienischen in manchen sprachlichen Bereichen, besonders des Handelsverkehrs, und führten in der Seefahrt zur Herausbildung einer Art Koine, welche auf einem gemeinsamen Wortschatz aller Mittelmeerländer unter Dominanz des Italienischen beruhte. Auch das Türkische übernahm ab dem ausgehenden 14. Jh. diese „Lingua franca" (Kahane/Tietze 1958). Die Eroberung Konstantinopels durch die Kreuzfahrer und die Frankenherrschaft im B.R. verstärkten ab dem 13. Jh. diese Entwicklung und führten zu einer erheblichen französischen und italienischen Wortschatzanreicherung des Griechischen (verbunden mit einer Sprachverwilderung), vor allem in lange von Fremden beherrschten und leicht isolierbaren, zeitweise mehrsprachigen Territorien (fränkische Peloponnes, Zypern, Kreta und andere venezianische und genuesische Inseln), doch besteht auch dort an der Kontinuität der Gräzität kein Zweifel.

Die endgültige Eroberung des B.R. durch die osmanischen Türken, die um 1500 im europäischen Reichsteil einen gewissen Abschluß gefunden hatte, brachte – auch auf lange Sicht – nicht zuletzt deshalb ein erstaunlich geringes Ausmaß an sprachlicher Turkisierung, weil neben dem Türkischen als Offizialsprache dem Griechischen als Sprache der christlichen „Nation" (türk. *millet*) ein quasioffizieller Charakter zukam.

10.2. Ethnische Elemente und Bevölkerungsbewegung

In frühbyzantinischer Zeit standen die einenden Komponenten der Reichsverwaltung und der griechischen Kultur und Sprache in der Osthälfte des Römischen Reiches bereits in einer lange wirksamen Tradition. Sie wurden ab dem 4. Jh. durch das gemeinsame ideologische, aber auch administrativ wirkende Band des Christentums nachhaltig verstärkt, so daß die sprachliche und kulturelle Einheitlichkeit der byzantinischen Bevölkerung zwischen dem 4. und dem ausgehenden 6. Jh. weitgehend erreicht war.

Natürlich war der Osten des Reiches nicht nur von den lang andauernden Kriegen mit dem Sasanidenreich (Hauptphasen 337–363, 540–628), sondern auch – wenngleich in geringerem Ausmaß als der Westen – von der Völkerwanderung betroffen, welche bereits im dritten Viertel des 4. Jh.s zu einer bedrohlichen Bevölkerungsreduzierung in den Provinzen südlich der unteren Donau führte und die Ansiedlung der Westgoten im Norden der thrakischen Diözese (und der Ostgoten in Pannonien) nach der Schlacht bei Adrianopel (378) als Föderaten ermöglichte, aber auch erzwang. Eine Parallelentwicklung dazu ist die Germanisierung des römischen Heeres, die sicher auch demographisch in größerem Umfang wirksam wurde und am Ende des 4. Jh.s einen Höhepunkt erreichte.

Einen entscheidenden Faktor der Bevölkerungsentwicklung stellten die Epidemien dar, welche gerade in Städten und allgemein in dicht besiedelten Gebieten besonders verheerend wirkten und denen man hilflos gegenüberstand. Langfristig besonders folgenreich war die Beulenpest, die 541 von Abessinien über Ägypten in den Mittelmeerraum gelangte und hier ihren Höhepunkt 542 erreichte. Prokop (Bella II 22 f.) berichtet allein für den Konstantinopler Raum von vielen zehntausend Opfern. In den folgenden Jahrzehnten bis zur Jahrhundertwende werden noch mehrmals schwächere Pestwellen verzeichnet, welche in der Balkanhalbinsel einen starken Bevölkerungsrückgang bewirkten, der durch die Avareneinfälle des ausgehenden 6. Jh.s noch nachhaltig verstärkt wurde und die Ansiedlung der Südslaven in ihren definitiven Wohngebieten maßgeblich vorbereitete.

Neben den Pestwellen des 6. Jh.s traten die gesamte byzantinische Zeit über Seuchen im B.R. auf, die zum Teil zu großen Bevölkerungsverlusten führten. Theophanes berichtet beispielsweise über eine von Sizilien und Kalabrien auf Griechenland, die Ägäis-Inseln und Konstantinopel hereinbrechende Beulenpest, die die Hauptstadt nahezu entvölkerte und 747 eine Zwangsumsiedlung von Byzantinern aus allen Reichsgebieten erforderlich machte, um sie wieder zu bevölkern. In ihren langfristigen Folgen aber waren die Pestwellen des 6. Jh.s einzigartig. Die für die mittelbyzantinische Zeit entscheidenden demographischen Veränderungen bahnen sich also in der justinianischen Zeit an und entfalten ihre Wirksamkeit im endenden 6. und im 7. Jh.; sie sind mit den Schlagworten „Slavische Besiedlung der Balkanhalbinsel" und „Verlust des Ostens an die muslimischen Araber" zu umreißen. Die Bevölkerungsbewegungen dieser Jahrhunderte haben verschiedene, oft nicht klar zu trennende Ursachen: Flucht und Umsiedlung infolge einer politischen Zwangslage, aber auch aus wirtschaftlichen Gründen; das letztgenannte Motiv ist häufig als Ursache von Binnenwanderungen anzusehen, wobei die Attraktivität der Hauptstadt in unterschiedlichem Ausmaß für die gesamte byzantinische Zeit in Rechnung zu ziehen ist; schließlich vom Staat geplante Bevölkerungsverpflanzungen, die der Wiederbelebung verödeter Regionen dienen, aber auch politisch und religiös motiviert sein können.

Die arabische Eroberung Syriens, Palästinas und Ägyptens brachte zunächst mit dem Verlust hochwichtiger Agrargebiete und Handelsplätze eine empfindliche Bevölkerungsminderung, die nicht nur dichtbesiedelte Großräume (Ägypten), sondern auch die beiden Großstädte Antiocheia und Alexandreia betraf. Weiters bildete sich im neuen byzantinisch-arabischen Grenzbereich eine breite Wüstungszone heraus, die nur punktuell Militärstützpunkte mit geringer Zivilbevölkerung enthielt, also praktisch unbesiedelt war. Darüber hinaus aber erfuhren große Teile Zentralanatoliens Bevölkerungsrückgänge (bis zur regionalen Entvölkerung), anfangs durch große arabische Feldzüge, die zweimal selbst Konstantinopel erreichten (674,717), später durch die militärisch an sich wenig bedeutenden, aber über lange Zeit hinweg regelmäßig erfolgenden Razzien grenznaher arabischer Kleinverbände.

Dieser Rückgang wurde vor allem während der islamischen Expansionsphase im 7. Jh. durch Flüchtlinge aus den okkupierten Gebieten teilweise wettgemacht, da nicht nur Einzelpersonen, sondern auch geschlossene Gruppen (Stadtbevölkerungen oder Stämme) der christlichen Bewohner Syriens und Palästinas nach Kleinasien flüchteten. Eine Ansiedlung von ursprünglich islamischen Arabern im byzantinischen Gebiet hingegen fand nicht statt, sieht man von Einzelfällen und der spektakulären Ausnahme des Stammes der Banu Habib ab, welcher um 935 das Christentum annahm und geschlossen in das B.R. übersiedelte. Insgesamt dürfte aber der Großteil Kleinasiens ab dem 7. Jh. andauernd wesentlich dünner besiedelt gewesen sein als in frühbyzantinischer Zeit, was die türkische Landnahme im ausgehenden 11. Jh. (nach dem seldschukischen Sieg von 1071) erleichterte.

Die Ansiedlung der Südslaven in der Balkanhalbinsel steht in engem Zusammenhang mit den Kriegszügen der Avaren, welche bald nach der Mitte des 6. Jh.s über Südrußland die untere Donau erreichten, durch Vernichtung des Gepidenreiches (567) zur Theiß vordrangen und sich nach dem Abzug der Langobarden nach Italien (568) auch Pannonien eroberten. Von dort aus erfolgten, verstärkt nach der Eroberung Sirmiums (582) Plünderungszüge in das B.R., die erst mit der erfolglosen Belagerung Konstantinopels 626 ein Ende fanden, nach der sich ein Großteil der bis dahin tributpflichtigen Slavenstämme von den Avaren lossagte. Die Serben und die Kroaten wanderten damals im Einverständnis mit Kaiser Herakleios aus dem Karpatenraum in das Illyricum ein und unterstützten Byzanz gegen die Avaren, die aber letzlich an der Einwanderung der ihnen Heeresfolge leistenden slavischen Stämme in der südlichen Balkanhalbinsel den entscheidenden Anteil hatten. Die Slaven stießen vereinzelt bereits seit der Mitte des 6. Jh.s in den nördlichen Teil der Balkanhalbinsel vor und gingen seit der Regierungszeit des Kaisers Maurikios zur massiven Landnahme in ganz Südosteuropa über, wobei sie im Süden bis in die Peloponnes wanderten. Der Staat vermochte zunächst über die Binnenregionen keine Hoheitsrechte mehr auszuüben; die Küsten und deren Hinterländer blieben unter byzantinischer Kontrolle. Während sich die slavische Landnahme – begünstigt durch die geringe Bevölkerung außerhalb der Städte – zu einem erheblichen Teil ohne größere kriegerische Verwicklungen vollzog, gestaltete sich die Wiedereingliederung der slavisierten Territorien (Sklabiniai) in das B.R. schwierig. Sie zog sich – selbst wenn man von den Bulgarenkriegen absieht – bis weit in das 9. Jh. hin, was an der etappenweisen Entstehung und Expansion der entsprechenden Themen abzulesen ist, und war wohl nur möglich, weil die sla-

vischen Siedler zunächst keine über die Stammesgliederung hinausgehende politische Organisation hatten.
Die Zahl der slavischen Einwanderer ist nicht feststellbar,
und selbst die räumliche Ausdehnung der ursprünglichen
Landnahme ist für den Süden im einzelnen umstritten, da
die schriftlichen Quellen dazu nichts aussagen, doch läßt
die statistische Auswertung der erhaltenen slavischen
Ortsnamen einige Schlüsse bezüglich der Ausdehnung
und Intensität der slavischen Ansiedlung in dieser Zeit zu.
Aus der Zahl der bekannten slavischen Ortsnamen kann
man schließen, daß bis zu einer Grenze, die etwa auf der
Höhe der Flußläufe des Kalamas (in Epirus) und des
Haliakmon (in Makedonien) verläuft, die Besiedlung sehr
dicht war, während sich südlich davon (vgl. Abb. 22) ein
differenzierteres Bild ergibt, wobei allerdings zu bedenken ist, daß sich die natürlichen Siedlungsmöglichkeiten
je nach Landschaftstypen stark unterscheiden: Hier finden sich slavische Siedlungen vorzugsweise im Binnenland, wobei die Zahl von Osten nach Westen ansteigt,
während die Küsten von slavischen Siedlungen frei sind
und deren unmittelbares Hinterland – vor allem an der
Ostküste – eine ganz geringe Zahl slavischer Ortsnamen
aufweist. Die slavischen Ansiedler mieden also die Küsten
des Jonischen Meeres und der Ägäis; sie siedelten in den
gebirgigen Landschaften Festlandsgriechenlands und der
Peloponnes. Dort konnten manche Stämme selbst nach
der Unterwerfung unter den byzantinischen Staat ihre
ethnische Eigenständigkeit wahren (zum Teil bis in die
spätbyzantinische Zeit).
Dagegen hinterließ das Ende des 12. Jh.s verselbständigte
serbische Reich, obwohl es zur Zeit seiner Blüte im 14. Jh.
bis zum Golf von Patras reichte, im griechischen Raum
keine nachhaltigen toponymischen Spuren. – Im Zusammenhang mit der Slavenansiedlung oder wenig später
(jedenfalls vor dem 10. Jh.) dürften auch die Blachen,
wohl latinisierte Thraker, aus ihren ursprünglichen Siedlungsgebieten in die Gebirgslandschaften Makedoniens,

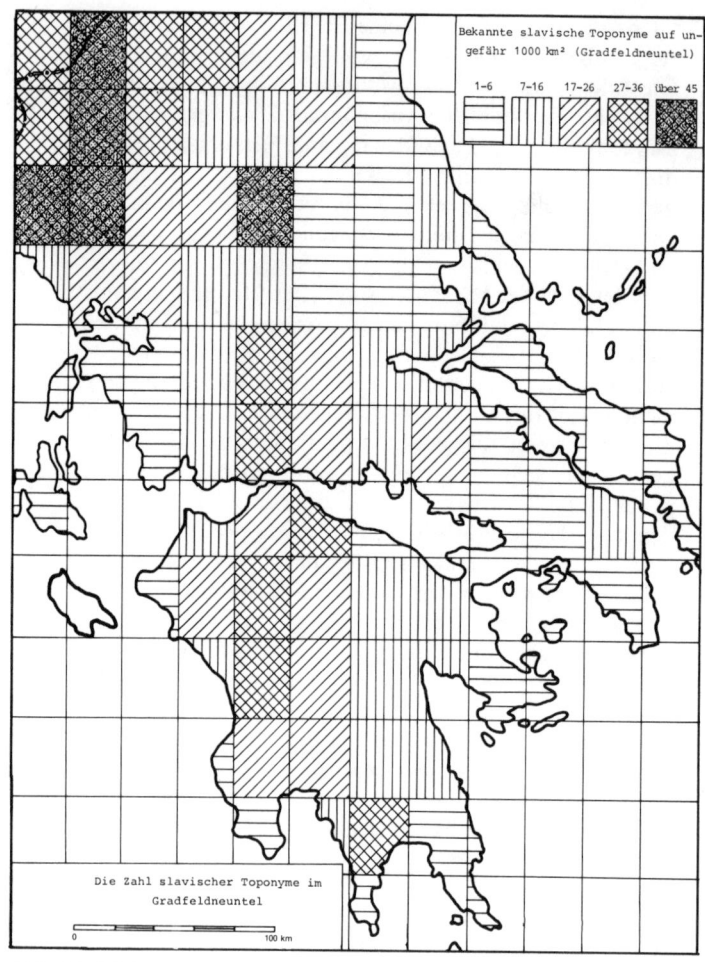

Abb. 22: Dichte slavischer Toponyme im griechischen Raum.

Südalbaniens sowie Nord- und Mittelgriechenlands eingewandert sein, wo sie seit der mittelbyzantinischen Zeit vornehmlich als Viehzucht treibende, teilweise nomadisierende Bevölkerung nachweisbar sind. In Übernahme ihres Ethnikon wurden ihre hauptsächlichen Siedlungsräume, speziell die gebirgigen Landschaften in Thessalien und in der Phthiotis, aber auch in Epirus und Ätolien, als *Blachiai* bezeichnet.

Ein Sonderfall im Rahmen der Balkanbesiedlung des 7. Jh.s, für Byzanz aber von erstrangiger Bedeutung, sind die Bulgaren. Zwar erfolgte ihre staatliche Abgrenzung gegenüber dem B.R. ein erstes Mal bereits am Ende des 7. Jh.s, doch expandierten sie oftmals über das engere bulgarische Siedlungsgebiet südlich der Donau hinaus nach Süden und Westen und erreichten zu Zeiten der maximalen Ausdehnung – unter den Zaren Symeon (893–927) und Samuel (976-1014), und wieder unter Ivan Asen II. (1218–1241) – die Ägäis- und die Adria-Küste, wobei vor allem weite Teile Makedoniens länger unter bulgarischer Herrschaft blieben.

Eine indirekte Folge der Slavenansiedlung in der Peloponnes ist die Massenflucht von einheimischen Griechen nach Kalabrien und Sizilien. Das Geschehen erneuerte die engen Kontakte zwischen Griechenland und Unteritalien und ließ die Bevölkerungsfluktuation zwischen den durch das Jonische Meer eher verbundenen als getrennten Ländern während der byzantinischen Zeit als selbstverständlich erscheinen. Eine ähnliche Fluchtbewegung, diesmal von Anhängern des Bilderkults, bezeugen die Quellen für die Zeit des Ikonoklasmus.

Konkreter faßbar ist eine weitere Folge der Slaveneinwanderung in die Balkanhalbinsel und des gleichzeitigen Bevölkerungsrückganges in Kleinasien, nämlich die Umsiedlung von Slaven in dünn besiedelte Gebiete dieses Subkontinents (vgl. Lilie 1976, 227 ff.). Die erste bekannte Aktion erfolgte unter Konstans II. um 658; sie war insofern ein Fehlschlag, als diese Slaven 665 bei einem

Kampf zu den Arabern überliefen, die sie in Syrien ansiedelten. Eine große Zahl von Slavenfamilien siedelte Justinian II. im Thema Opsikion an, um sie ebenfalls gegen die Araber einzusetzen. Ein Teil der slavischen Soldaten – die Angaben schwanken zwischen 7000 und 20.000 (von insgesamt 30.000) – lief allerdings 692 ebenfalls über und wurde in Syrien angesiedelt, wogegen andererseits christliche Mardaiten – in einer Kampfstärke von etwa 12.000 Mann – aus Syrien an die kleinasiatische Westküste und nach Griechenland auswanderten, wo sie bis in das 10. Jh. als Marineeinheiten nachweisbar sind. Eine weitere große Umsiedlungsaktion datiert 763: Damals flohen über 20.000 Slaven aus dem Bulgarenreich nach Byzanz und erhielten von Konstantin V. Wohnplätze in Bithynien zugewiesen.

Den Slavenansiedlungen in Kleinasien stehen ab der Mitte des 8. Jh.s gegenläufige Aktionen gegenüber, welche im Zusammenhang mit der Rückeroberung von Reichsterritorien in der Balkanhalbinsel und mit einer Wiederbevölkerung Thrakiens zu sehen sind, das unter den Bulgarenkriegen besonders zu leiden hatte. Die wichtigsten Aktionen finden unter Konstantin V. und seinem Nachfolger Leon IV. statt: Um 745/46 werden nach einem erfolgreichen Feldzug aus dem Raum um Germanikeia große Mengen christlicher Einwohner nach Thrakien verpflanzt; etwa 751/54 datiert die gleiche Maßnahme für den weiter nördlich gelegenen Grenzbereich um die Städte Melitene, Kamacha und Theodosiupolis, und 778 werden aus dem kilikisch-syrischen Grenzraum etwa 150.000 Bewohner nach Thrakien umgesiedelt.

Diese frühmittelbyzantinischen Bevölkerungsverschiebungen dürften – sieht man von der Turkisierung Kleinasiens ab – quantitativ die bedeutsamsten der byzantinischen Geschichte gewesen sein, doch sei im folgenden kurz auf weitere wichtige Wanderungen im byzantinischen Raum hingewiesen. Mit erheblichen Umschichtungen war die Vernichtung des ersten bulgarischen Staates am Beginn des 11. Jh.s verbunden; die Bulgaren Thessaliens wurden teilweise in die Themen Boleron (in Thrakien) und Vaspurakan (Armenien) zwangsumgesiedelt, um möglichen Aufständen vorzubeugen, während sich der Rest langsam assimilierte. Aus religionspolitischen Überlegungen mit motivierte Zwangsumsiedlungen nahm Kaiser Johannes Tzimiskes vor, der 970 wahrscheinlich die Paulikianer, eine dualistische und amtskirchenfeindliche Sekte, die seit Mitte des 7. Jh.s nachweisbar ist, aus ihren Wohngebieten an der Ostgrenze (politische Zentren im 9. Jh.: Melitene, Tephrike, Sozopetra, Samosata) nach Thrakien verpflanzte, von wo aus sie vielleicht Einfluß auf die bulgarische Bogomilen-Sekte hatte (vgl. Lemerle 1973).

Weiters sind die Armenier zu nennen, welche nach der Mitte des 7. Jh.s in arabische Abhängigkeit gerieten. Im ausgehenden 7. und im 8. Jh. sind daher häufig Grenzübertritte von Armeniern belegt, welche vorzugsweise in Kappadokien und anderen Ostprovinzen angesiedelt wurden. Ab dem Ende des 9. Jh.s bildeten sich in Armenien neue Königreiche, welche am Beginn des 10. Jh.s ihre Unabhängigkeit von den Arabern erlangten, aber auch mit Byzanz nur durch eine lose Abhängigkeit verbunden waren, bis sie ab 966 allmählich dem B.R. einverleibt und als Themen (Taron, Ani, Vaspurakan) eingegliedert wurden. Das Vordringen der Seldschuken in der 2. Hälfte des 11. Jh. beendete die byzantinische Oberhoheit und führte zu Massenemigrationen der Armenier nach Südkappadokien und Kilikien, wo vor 1100 das „kleinarmenische" Königreich entstand. Dieses konnte sich zwischen den politischen Blöcken der Byzantiner, der Kreuzfahrerstaaten (Antiocheia, Edessa, Zypern) und der Muslime bis in das 14. Jh. behaupten, bis es schließlich 1375 (Eroberung der Hauptstadt Sis) der Übermacht der ägyptischen Mamluken erlag. Außerhalb dieser armenischen Siedlungsgebiete stellten die Armenier in allen Teilen des B.R., vor allem auch in Konstantinopel, beträchtliche Minoritäten.

Angehörige westlicher Nationen, in erster Linie Italiener und Franzosen, kamen hauptsächlich durch die Handelsschiffahrt und die Kreuzzüge nach Byzanz. Die Handelsbeziehungen der italienischen Stadtstaaten zum östlichen Mittelmeer bewirkten, daß bereits vor den Kreuzzügen Niederlassungen bei den wichtigsten Handelshäfen existierten; als Beispiel sei Amalfi genannt, welches im 11. Jh. Kontore in Konstantinopel, Zypern, Kleinasien, Syrien und Alexandreia unterhielt. Ab dem ersten Kreuzzug dominierten im B.R. die Venezianer vor den Pisanern und Genuesen, welch letztere allerdings ab 1261 (Vertrag von Nymphaion) zu einem starken Rivalen wurden. Waren die Handelsniederlassungen für sich genommen demographisch wenig bedeutend, so ergab sich aus der Eroberung des B.R. durch die Lateiner (1204) vor allem für diejenigen Territorien, die lange der Lateinerherrschaft anheimfielen, ein beträchtlicher Zustrom an Westeuropäern, der in manchen Gebieten zu ethnischer Mischung führte. In besonderem Maß trifft dies für die französische Herrschaft in der Peloponnes und auf Zypern und für die venezianischen Besitzungen zu: Kreta, Euböa und das „Herzogtum des Archipel" (Ägäis-Inseln). Ähnliches gilt für die genuesischen Besitzungen, vor allem für Chios und den Konstantinopler Stadtteil Pera, und für Territorien wie das Herzogtum Athen, welches nach 1204 zunächst in französischem, dann in katalanischem und schließlich in florentinischem Besitz war, bevor es 1456 endgültig an die Türken kam. Die Koexistenz zwischen Griechen und Lateinern führte in den lange besetzten Räumen (Peloponnes, Jonische Inseln, Kreta, Zypern) zu einer Symbiose, die sich auch kulturell und literarisch niederschlug, ohne daß – von Ausnahmen abgesehen – das Bewußtsein religiöser und ethnischer Fremdheit überwunden worden wäre.

Einen bedeutsamen demographischen Faktor der Spätzeit und der frühen Turkokratia stellten die Albaner dar, welche ab dem Beginn des 14. Jh.s von Epirus aus nach Süden expandierten und zunächst in größeren Mengen in Thessalien, später auch in Attika siedelten. Ab dem Ende des 14. und im 15. Jh. wurden Albaner von den Venezianern und den Byzantinern in der Peloponnes, auf Euböa und auf einigen Ägäis-Inseln als Soldaten und zugleich als Ersatz für Bevölkerungsverluste angesiedelt. Diese Politik setzten die Türken nach der Eroberung der Ägäis-Inseln im dritten Drittel des 16. Jh.s fort.

In satirischer Weise glossiert die „Hadesfahrt des Mazaris" vom Beginn des 15. Jh.s die „verwirrende, unordentliche Vermischung" der Peloponnes-Bevölkerung und zählt eine „unheilige, fluchbeladene Siebenzahl" auf: Lakedämonier, Italiener, Peloponnesier, Slaviner, Albaner, Zigeuner und Juden.

Die Einwanderung von Türkstämmen sei hier abschließend genannt, weil sie faktisch jeweils das Ende der eigentlich byzantinischen Epoche (und ab dem ausgehenden 13. Jh. immer auch der staatlichen Hoheit) des betroffenen Gebietes bedeutet. Zwar brachte sie nach der Schlacht von Mantzikert (1071) und der Gründung der Seldschukenstaaten in Kleinasien nicht notwendigerweise ethnisch sogleich eine volle Türkisierung der verlorenen Gebiete mit sich, doch ging die einheimische Bevölkerung, vor allem im Inneren Kleinasiens, stark zurück (durch Versklavung, Tod oder Flucht in byzantinisches Territorium sowie durch Aufgabe des Offenlandes und Rückzug hinter die Mauern befestigter Städte).

Zwar gelang es sowohl im 12. Jh. als auch noch einmal während des nizänischen Kaiserreiches in der ersten Hälfte des 13. Jh.s, wichtige Teile Kleinasiens zurückzuerobern, wobei im zweiten Fall eine starke Bevölkerungsverschiebung aus Konstantinopel und Thrakien nach Kleinasien stattfand. Doch ist in beiden Fällen ein Teil der türkischen Bevölkerung im wiedereroberten Gebiet verblieben, was die weitgehende, schnelle Türkisierung

149

Kleinasiens ab dem Ende des 13. Jh.s sicher förderte. Daß andererseits das politische Ende des B.R. keineswegs das ethnische Ende des Griechentums bedeutete, wurde bereits festgestellt. Seine innerhalb des Osmanischen Reiches in Grenzen tolerierte religiöse, kulturelle und sprachliche Identität ermöglichte ihm das Überdauern (Vryonis 1971, Zakythinos 1976).

10.3. Zur Bevölkerungszahl des Byzantinischen Reiches

Zu dem Gebiet des byzantinischen Kulturraumes oder Staates ist es für keinen Zeitpunkt möglich, exakte Bevölkerungszahlen anzugeben, da hiefür die historischen Quellenangaben fehlen. Bevölkerungsschätzungen verbieten sich wegen der vielen unbekannten Faktoren: Hier sei nochmals auf die Seuchen hingewiesen, weiters auf Erdbeben und Hungersnöte nach Mißernten oder Klimaverschlechterungen; als Beispiel für letzteren Faktor sei der Katastrophenwinter 927/28 angeführt, über den Johannes Skylitzes berichtet: „Im gleichen Monat brach ein unerträglicher Winter ein, so daß der Boden über hundertzwanzig Tage hart gefroren blieb. Dem Winter folgte die große Hungersnot, die alle bisherigen übertraf. Die Folge war ein so großes Massensterben, daß sich die Überlebenden außerstande sahen, die Toten zu bestatten" (BG 15, 264). Die Chronisten verzeichnen solche Ereignisse nur bei entsprechender Dimension und vorzugsweise, wenn sie im Bereich der Hauptstadt stattfinden; folglich ist hier die mögliche Dunkelziffer sehr hoch.

Am ehesten sind Bevölkerungszahlen aus byzantinischen Steuerkatastern (griech. *praktikon*) zu ziehen, die aus

Abb. 23: Bevölkerungsdichten im byzantinischen Raum um 1890 (Flächensignaturen) und am Ende der byzantinischen Zeit (Kreise in Verbindung mit Zahlenangaben).

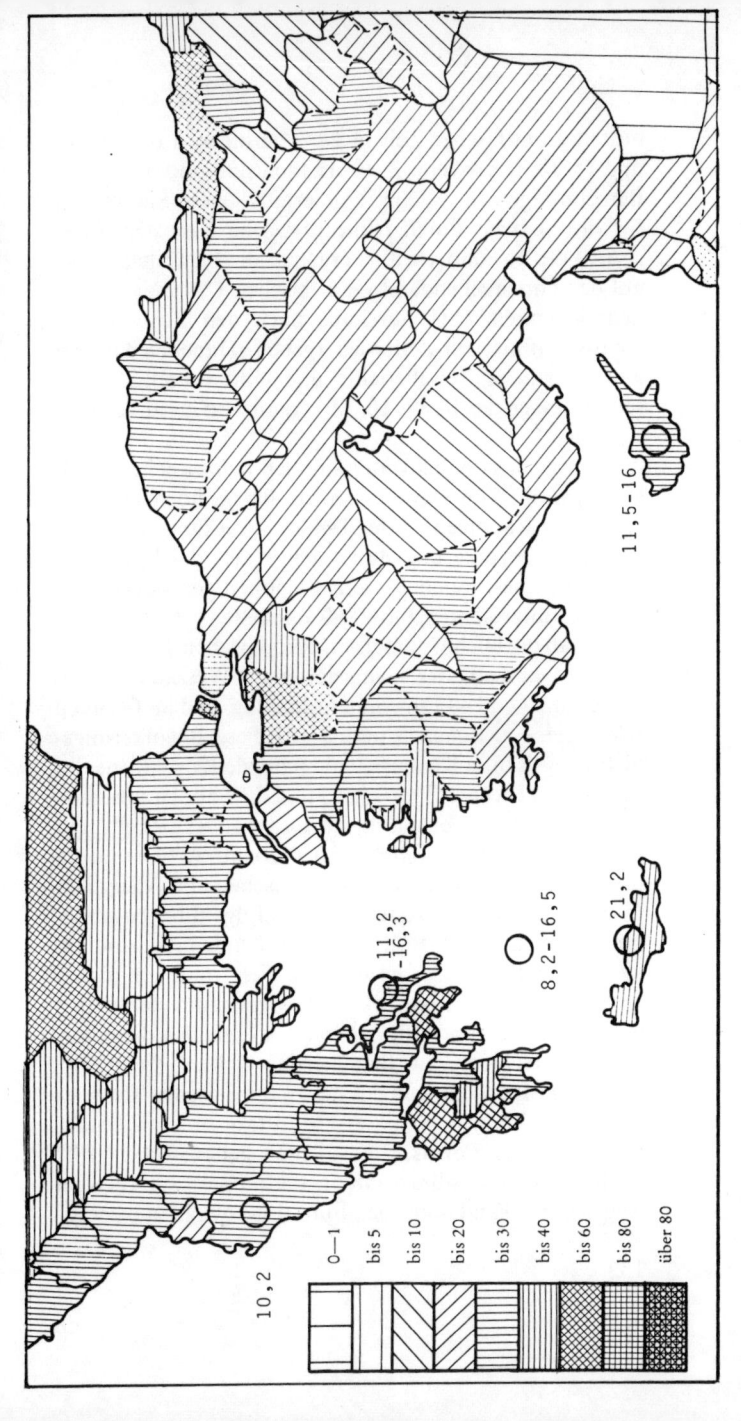

	0—1
	bis 5
	bis 10
	bis 20
	bis 30
	bis 40
	bis 60
	bis 80
	über 80

10,2

11,2
-16,3

8,2-16,5

21,2

11,5-16

mittelbyzantinischer Zeit in ganz geringer, aus dem 14. und 15. Jh. in größerer Zahl erhalten sind und ungefähre Berechnungen für Kleinräume ermöglichen. Sie werden für die Spätzeit durch frühe türkische Kataster (türk. *defter*) des 15. und 16. Jh.s ergänzt, die bisweilen direkt auf den entsprechenden byzantinischen Urkunden beruhen, jedenfalls aber durchaus noch den Zustand der spätbyzantinischen Zeit wiedergeben. Daneben können auch westliche Reiseberichte und landeskundliche Beschreibungen des 14. bis 16. Jh.s ergänzend herangezogen werden.

Als Vergleichsmöglichkeiten können neuzeitliche Bevölkerungsstatistiken soweit dienen, als sie noch den Zustand des Raumes vor der Industrialisierung wiedergeben. Eine bevölkerungsstatistische Karte des byzantinischen Raumes, welche – nach Regionen gegliedert – die Bevölkerungsdichten um 1890 darstellt (vgl. Abb. 23), zeigt, daß die Dichte damals im europäischen Teil unseres Gebietes und an der kleinasiatischen Westküste meist zwischen 20 und 40 Einwohnern/km² lag, und im Großteil Kleinasiens zwischen 5 und 20. Höhere Bevölkerungsdichten weisen in Kleinasien die schmale Küstenzone des Schwarzen Meeres (Trapezunt) und die hauptstadtnahen Regionen Bithyniens auf, in Europa der Raum um Konstantinopel, die Tiefebene der Donau, Attika und die nordwestliche Peloponnes. Die Jonischen und Ägäischen Inseln wurden weggelassen, da sie infolge ihrer besonderen geschichtlichen Rolle im ausgehenden 18. und im 19. Jh. das Bild verzerren würden. Sieht man von diesen Inseln und von Attika als dem Großraum der neuen griechischen Hauptstadt Athen ab, so spiegeln die relativen Unterschiede der Bevölkerungsdichten die natürlichen Existenzbedingungen des byzantinischen Raumes wider; sie können somit als Maßstab zu erwartender byzantinischer Bevölkerungsdichten gelten. (Dies trifft auch für den Großraum Konstantinopels zu, für den wegen seiner staatszentralen Funktion sowohl in byzanti-

nischer als auch in osmanischer Zeit besonders hohe
Werte unterstellt werden dürfen.)
Für das 15. und den Beginn des 16. Jh.s können aus
Bevölkerungsangaben, Steuerurkunden und indirekten
Hinweisen die Dichten folgender Kleinräume annähernd
angegeben werden (Einwohner/km²): Dropulli-Tal in
Südalbanien zwischen 8,5 und 12 (Mittelwert 10,2),
Euböa zwischen 11,2 und 16,3, elf typische Ägäis-Inseln
zwischen 8,2 und 16,5 (Mittelwert 12,1), Kreta 21,2 und
Zypern 11,5 bis 16 (vgl. die Kreise und Zahlen in Abb. 23).
Ein Vergleich mit dem Stand um 1890 zeigt, daß diejenigen Gebiete, die im 15. Jh. zwischen 8 und 16 Einwoh-
ner/km² aufweisen, am Ende des 19. Jh.s zwischen 20 und
30 liegen, während Kreta mit 21,2 (im Jahr 1534) um 1890
eine Dichte zwischen 30 und 40 hat. Die Zahl und die
Streuung der spätmittelalterlichen Angaben ist zu gering
bzw. untypisch, als daß man daraus auf exakte Bevölkerungszahlen schließen könnte. Doch scheint mir aufgrund der Dichtestreuung von 1890 und der genannten
Beispiele die Annahme vertretbar, daß die Bevölkerungsdichte des byzantinischen Raumes der Spätzeit zwischen 9
und 15 (in einzelnen besonders begünstigten Gebieten bis
um 20) Einwohner/km² lag.
Das Reichsgebiet vor 1280 (gegen Ende der Regierungszeit Michaels VIII. Palaiologos) inklusive der damals von
den Lateinern beherrschten Gebiete Griechenlands und
der Ägäis bedeckte etwa 350.000 km² (heute Albanien,
Makedonien, Südbulgarien, Griechenland, europäische
Türkei und Westkleinasien). Für diesen Siedlungsraum
könnte man demnach zwischen 3 und 5,5 Millionen
Einwohner annehmen. Für die großräumige Erstreckung
des mittelbyzantinischen Reichsgebietes (vgl. oben, Abschnitt 1) mit einer Flächenbedeckung bis zu
1,200.000 km² erscheint dann ein Bevölkerungsrahmen
zwischen 10 und 18 Millionen Einwohnern denkbar,
wobei freilich große Teile Inneranatoliens eine sehr
geringe Bevölkerungszahl und -dichte hatten.

Für die frühbyzantinische Zeit schwanken die Schätzungen in der Literatur erheblich. In der Osthälfte des Römischen Reiches wird für die Mitte des 4. Jh.s meist eine Zahl zwischen 24 und 26 Millionen angenommen, für das 6. Jh. zwischen 19 und 30 Millionen, wobei diese starke Divergenz zum Teil mit der stark schwankenden Ausdehnung des B.R. unter Justinian I. zu erklären ist (Beloch 1886 und 1900; Charanis 1972, Nr. I, mit weiterer Lit.).

Die für Byzanz hier vorgeschlagenen Bevölkerungsdichten zwischen 9 und 15 (maximal 20) Einwohner/km^2 befinden sich wesentlich unter den für Teile Westeuropas und Italiens im 14. und 15. Jh. angenommenen Zahlen: Brabant 35, Frankreich zwischen 30 und 40 (Kleinlandschaften in Südfrankreich, Distrikt von Béziers, um 1344 bis zu 110!), Romagna 30, Toscana 85 (!) und Neapel 20 (vgl. Braudel 1979; Usher 1930). Sie liegen aber deutlich höher als P. Chaunus (1969) Annahme von 15 Millionen für *alle* orientalischen Christen (also Byzantiner, Syrer, Slaven und Russen) und dürften in den meisten Gebieten auch der möglichen Dauerbesiedlungsdichte entsprechen, die sich aus den unter mittelalterlichen Bedingungen zu erwirtschaftenden landwirtschaftlichen Erträgen ergibt.

Bibliographische Hinweise

Vgl. Literatur zu Abschnitt 9 und zusätzlich: Ammann 1956. – Angelov 1976. – Beloch 1886 und 1900. – Birken 1976. – Braudel 1949. – Charanis 1972 und 1980. – Chaunu 1969. – Ditten 1980. – Jacoby 1961. – Kahane 1958 und 1969–1976. – Koder 1978 und 1985. – Kolodny 1974. – Kondov 1965 und 1974. – Kordoses 1981. – Laiou–Thomadakis 1977. – Lemerle 1973. – Lilie 1976. – Lindner 1983. – Mihäescu 1973. – Naşturel 1978. – Nicol 1976. – Oikonomidès 1973. – Papadopullos 1965. – Schneider 1949. – Schramm 1981. – Šebelenko 1981. – Die Sprachen... 1980. – Stǎnescu 1968 und 1980. – Thiriet 1976. – Topping 1976. – Usher 1930. – Vryonis 1976. – Zachariadou 1980. – Zakythinos 1976. – Zilliacus 1935.

11. LITERATUR

11.1. Vorbemerkung

Das folgende, alphabetisch nach Autoren geordnete Literaturverzeichnis kann schon angesichts des verfügbaren Raumes keinen Anspruch auf Vollständigkeit erheben. Auf eine systematische Aufnahme regional eingeschränkter, topographischer oder landeskundlicher Arbeiten mußte verzichtet werden. Die Kriterien der Auswahl waren: 1. Verzeichnis der im Text und in den „Bibliographischen Hinweisen" am Ende jedes Abschnittes zitierten Werke und weiters aller bei der Abfassung des vorliegenden Büchleins benützten Literatur und 2. Aufnahme weiterführender Fachwerke (jeweils mit Spezialbibliographien) und einiger (vorwiegend deutschsprachiger) byzantinistischer Standardwerke.

Generell sei vorweg verwiesen auf zahlreiche einschlägige Artikel in den Bänden der im Erscheinen begriffenen *Tabula Imperii Byzantini* (Wien 1976 ff.), in der *Realencyclopädie der classischen Altertumswissenschaft*, im *Reallexikon für Antike und Christentum*, im *Reallexikon zur byzantinischen Kunst*, im *Lexikon des Mittelalters*, in der *Encyclopédie de l'Islam* (Nouv. Éd.), im *Lexikon für Theologie und Kirche* und im *Dictionnaire d'Histoire et de Géographie Ecclésiastiques* sowie auf die entsprechenden Abschnitte der „Historischen Bücherkunde Südosteuropa" (vgl. Hörandner 1978) und der Bibliographien der jährlich zweimal erscheinenden Fachzeitschriften *Byzantinische Zeitschrift* und *Byzantinoslavica*.

155

Kartographisch berücksichtigt den byzantinischen Raum Westermanns *Atlas zur Weltgeschichte,* der *Atlas zur Kirchengeschichte* (Hrsg. H. Jedin, K. Latourette, J. Martin) und vor allem der *Große Historische Weltatlas* des Bayerischen Schulbuch-Verlages (Hrsg. J. Engel), *Teil I: Vorgeschichte und Altertum,* und *Teil II: Mittelalter.*

11.2. Alphabetisches Literaturverzeichnis

A. Abramea, He byzantine Thessalia mechri tu 1204. Athen 1974.

Activité byzantine. Enquête sur la Géographie Historique du Monde byzantin, hrsg. v. *H. Ahrweiler*, Fondation Européenne de la Science. Paris 1983.

H. Ahrweiler, Byzance et la mer. La marine de guerre, la politique et les institutions maritimes de Byzance aux VIIIe–XVe siècles. Paris 1966.

Dies., Byzance: les pays et les territoires (Collected Studies) London 1976.

Dies., Études sur les structures administratives et sociales de Byzance (Collected Studies) London 1971.

Dies. (Hrsg.), Geographica Byzantina (Byzantina Sorbonensia) Paris 1981.

Dies., Les ports byzantins (VIIe–IXe siècles). La navigazione mediterranea nell' alto medioevo, Spoleto 14–20 aprile 1977 (Sett. di studio del Centro it. di studi sull' alto medioevo, 25) Spoleto 1978, 259–297.

Dies., La ville byzantine. Guide international d'histoire urbaine, Europe 1/II. Paris o.J.

K.A. Alexandres, He thalassia dynamis eis ten historian tes byzantines autokratorias. Athen 1957.

E. Amand de Mendieta, Mount Athos. The Garden of the Panaghia. Berlin–Amsterdam 1972.

H. Ammann, Wie groß war die mittelalterliche Stadt? Studium Generale 9 (1956) 503–506.

M. V. Anastos, The Transfer of Illyricum, Calabria and Sicily to the Jurisdiction of the Patriarchate of Constantinople in 732/33. Studi Bizantini e Neoellenici 9 (1957) 14–31.

T. H. van Andel, Th. W. Jacobsen, J. B. Jolly, N. Lianos, Late Quarternary History of the Coastal Zone near Franchthi Cave, Southern Argolid, Greece. Journ. Field Archaeol. 7 (1980) 389–402.

D. *Angelov,* Zusammensetzung und Bewegung der Bevölkerung in der byzantinischen Welt. XVe Congrès international d'études byzantines, Athènes, Septembre 1976, Rapports et co-rapports, I (Athen 1976).

H. *Antoniadis–Bibicou,* Études d'histoire maritime de Byzance: à propos du „theme des Caravisiens" (Bibliothèque générale de l'école pratique des hautes études, VIe section). Paris 1966.

Dies., Villages désertés en Grèce. Un bilan provisoire. (École pratique des hautes études, VIe section: Centre de recherches historiques, Les hommes et la terre, XI) Paris 1965; Resüme in: Rivista di Storia dell' Agricoltura 6 (1966) 31–42.

V. *Arutjunova-Fidanjan,* Sur le problème des provinces byzantines orientales. Rev. Ét. Armén. 14 (1980) 157–169.

V. *Aschoff,* Über den byzantinischen Feuertelegraphen und Leon den Mathematiker. Deutsches Museum – Abhandlungen und Berichte 48,1 (1980) 5–28.

C. *Asdracha,* La région des Rhodopes aux XIIIe et XIVe s. Étude de géographie historique. Athen 1976.

M. *Avi-Yonah,* The Holy Land from the Persian to the Arab Conquest (536 B. C. to 640 A. D.). A Historical Geography. Ann Arbor Mich. 1966.

M. *Balard,* La Romanie Génoise (XIIe – début du XVe siècle), I–II. (Bibl. Ec. Franç. d'Athènes et Rome, 235) Genua–Rom 1978.

I. *Banco,* Studien zur Verteilung und Entwicklung der Bevölkerung von Griechenland. (Bonner Geographische Abhandlungen, 53) Bonn 1976.

H.-G. *Beck,* Kirche und theologische Literatur im byzantinischen Reich (Handbuch der Altertumswissenschaften XII 2/1). München 1959, 148 ff.: Kirchliche Geographie.

Ders., (Hrsg.), Studien zur Frühgeschichte Konstantinopels (Miscellanea Byzantina Monacensia, 14). München 1973.

J. *Beloch,* Die Bevölkerung Europas im Mittelalter. Zeitschrift für Socialwissenschaft 3 (1900) 405–423.

Ders., Die Bevölkerung der griechisch–römischen Welt. Leipzig 1886.

V. *Beševliev,* Zur Deutung der Kastellnamen in Prokops Werk „De aedificiis". Amsterdam 1970.

H. *Bibicou,* Problèmes de la marine byzantine. Annales E. S. C. 13 (1958) 327–338.

Dies., Sources Byzantines pour servir à l'histoire maritime. Les Sources de l'histoire maritime en Europe, du moyen age au

XVIIIᵉ siècle. Articles présentés par M. Mollat u.a. (Paris 1962) 121–136.

A. *Birken,* Die Provinzen des osmanischen Reiches (Beihefte zum Tübinger Atlas des Vorderen Orients, Reihe B, Geisteswiss., 13) Wiesbaden 1976.

A. *Bon,* La Morée Franque. Recherches historiques, topographiques et archéologiques sur la principauté d'Achaie (1205–1430). Paris 1969.

Ch. *Bouras,* City and Village: Urban Design and Architecture. Jahrbuch der österreichischen Byzantinistik (Akten des XVI. internationalen Byzantinistenkongresses, Wien, 4.–9. Oktober 1981, Akten I/2) 31/2 (1981) 611–654.

G. I. *Brătianu,* La mer Noire. Des origines à la conquête ottomane. (Societas Academica Dacoromana, Acta Historica, IX) München 1969.

F. *Braudel,* Civilisation matérielle, économie et capitalisme, XVᵉ – XVIIIᵉ siècles, I–III. Paris 1979.

Ders., La Méditerranée et le Monde méditerranéen à l'époque de Philippe II. Paris 1949.

L. *Bréhier,* Le monde byzantin. Les institutions de l'empire byzantin. Paris 1949 (ND 1970).

W. C. *Brice,* (Hrsg.) The Environmental History of the Near and Middle East since the last Ice Age. London–New York–San Francisco 1978.

C. E. P. *Brooks,* Climate through the Ages. A Study of the Climatic Factors and their Variations. London 1950².

E. W. *Brooks,* Arabic Lists of the Byzantine Themes. Journal of Hellenic Studies 21 (1901) 67–77.

A. *Bryer,* The Question of Byzantine Mines in the Pontos. Anatolian Studies 32 (1982) 133–150.

C. *Bursian,* Geographie von Griechenland, I–III. Leipzig 1862–1872.

Byzance et les Slaves. Études de Civilisation. Mélanges Ivan Dujčev. Paris o. J.

C. *Cahen,* Pre–Ottoman Turkey. A General Survey of the Material and Spiritual Culture and History c. 1071–1330. London 1968.

A. *Carile,* Partitio terrarum imperii Romaniae. Studi veneziani 7 (1965) 125–305.

Ders., Per una storia dell'Impero Latino di Constantinopoli (1204–1261) (Il mondo medievale, Sezione di storia bizantina e slava, 2). Bologna 1978².

159

F. W. Carter (Hrsg.), An Historical Geography of the Balkans. London–New York–San Francisco 1977.

M. Cary, The Geographic Background of Greek and Roman History. Oxford 1949.

P. Charanis, Composition and Movement of the Population in the Byzantine World, 1071–1261. A Supplementary Report. XVᵉ Congrès international d'études byzantines, Athènes, Septembre 1976, Rapports et co–rapports, I (Athen 1980).

Ders., On the Carabisiani once more. Bisanzio e l'Italia – Raccolta di Studi in memoria di Agostino Pertusi. Mailand 1982, 39–41.

Ders., Studies on the Demography of the Byzantine Empire. (Collected Studies) London 1972.

P. Chaunu, L'expansion européenne du 13ᵉ au 15ᵉ siècle. Paris 1969.

Ders., Histoire quantitative histoire sérielle. Paris 1978.

Ders., Histoire science sociale. La durée, l'espace et l'homme a l'époque moderne. Paris 1974.

N. Christie, The Late Antique Defensive System in N-E Italy. (Zum Druck bestimmter Bericht an European Science Foundation, Newcastle upon Tyne 1983).

Kr. Chrysochoïdes (Hrsg.), Topos kai Eikona. Charaktika xenon periegeton gia ten Hellada. 18os aionas: 1. Band. Athen 1979.

E. K. Chrysos, Symbole sten Historian tes Epeiru kata ten protobyzantinen epochen (4.–6. ai.). Epeirotika Chronika 23 (1981) 9–111.

Ders., Zur Entstehung der Institution der autokephalen Erzbistümer. Byzantinische Zeitschrift 62 (1969) 263–286.

D. Claude, Die byzantinische Stadt im 6. Jahrhundert (Byzantinisches Archiv, 13) München 1969.

G. Dagron, Naissance d'une Capitale. Constantinople et ses institutions de 330 à 451. (Bibliothèque byzantine. Études, 7) Paris 1974.

J. Darrouzès, Notitiae Episcopatuum Ecclesiae Constantinopolitanae. Texte critique, introduction et notes. Paris 1981.

C. Delano Smith – M. L. Parry (Hrsg.), Consequences of Climatic Change. Nottingham 1981.

A. Delatte, Les Portulans Grecs. Liège – Paris 1947.

L. Dillemann, Haute Mésopotamie orientale et pays adjacents. Contribution à la géographie historique de la région, du Vᵉ S. avant l'ère chrétienne au VIᵉ S. de cette ère (Institut Français d'Archéologie de Beyrouth, Bibliothèque archéologique et historique, 72). Paris 1962.

160

H. Ditten, Protobulgaren und Germanen im 5.–7. Jahrhundert (vor der Gründung des Ersten Bulgarischen Reiches). Bulgarian Historical Review 3 (1980) 51–77.

Ders., Die Veränderungen auf dem Balkan in der Zeit vom 6. bis zum 10. Jahrhundert im Spiegel der veränderten Bedeutung von „Thrakien" und der Name der Provinzen der thrakischen Diözese. Byzantino–Bulgarica 7 (1981) 157–179.

F. Dölger, Die frühbyzantinische und byzantinisch beeinflußte Stadt. Atti 3° Congresso di Studi sull' Alto Medio Evo (Benevento ecc. 14–18 Ott. 1956). Benevent 1958.

I. Doens, Bibliographie de la Sainte Montagne d'Athos. Le millénaire du Mont Athos de 963 à 1963. Études et Mélanges II. Chevetogne 1965, 337–495.

O. B. Doumanis – P. Oliver, Shelter in Greece. (Architecture in Greece) Athen 1974.

A. Ducellier, La façade maritime de l'Albanie au moyen âge. Durazzo et Valona du 11e au 15e siècle. Thessalonike 1981.

Ders., Les séismes dans le bassin oriental de la Méditerranée du XIe au XIIIe siècles. Actes du XVe Congrès international des études byzantines, Athènes, Septembre 1976, IV (Athen 1980) 103–113.

I. Dujčev, Cronaca di Monemvasia. Introduzione, testo critico e note (Istituto Siciliano di studi bizantini e neoellenici, Testi e monumenti, Testi 12) Palermo 1976.

W. J. Eggeling, Türkei. Land, Volk, Wirtschaft in Stichworten. (Hirts Stichwortbücher). Wien 1978.

E. Eickhoff, Seekrieg und Seepolitik zwischen Islam und Abendland. Das Mittelmeer unter byzantinischer und arabischer Hegemonie (650–1040). Berlin 1966.

H. R. Ellis Davidson, The Viking Road to Byzantium. London 1976.

K. Erdmann, Das anatolische Karavansaray des 13. Jahrhunderts, I/1–2. (Istanbuler Forschungen, 21). Berlin 1961.

V. von Falkenhausen, La dominazione bizantina nell'Italia meridionale, Bari 1978².

W. Felix, Byzanz und die islamische Welt im früheren 11. Jahrhundert. (Byzantina Vindobonensia, 14) Wien 1981.

J. Ferluga, L'amministrazione bizantina in Dalmatia. Venedig 1978.

Ders., Byzantium on the Balkans. Studies in the Byzantine Administration and the Southern Slaves from the VIIth to the XIIth centurie. Amsterdam 1976.

B. Flemming, Landschaftsgeschichte von Pamphylien, Pisidien und Lykien im Spätmittelalter. (Abhandlungen für die Kunde des Morgenlandes. 35.1) Wiesbaden 1964.

C. Foss, Late Antique and Byzantine Ankara. Dumbarton Oaks Papers 31 (1977) 27–87.

D. H. French, The Roman Road–System of Asia Minor. Aufstieg und Niedergang der röm. Welt 2, 7, 2. Principat (Berlin 1980) 698–729.

J. Gaudemet, Mutations politiques et géographie administrative. L'empire romain de Dioclétien (284) à la fin du 5ᵉ siècle. La géographie administrative et politique d'Alexandre a Mahomet. Actes du Coll. de Strasbourg 14–16 juin 1979 (Univ. sc. hum. de Strasbourg. Trav. Centre rech. sur le Proche–Orient et la Grèce ant. 6). Leiden 1981, 255–272.

H. Gelzer, Die Genesis der byzantinischen Themenverfassung, Leipzig 1899.

M. Gichon, Researches on the Limes Palaestinae. Roman Frontier Studies 1979, ed. W. S. Hanson and L. J. F. Keppie, III (London 1980) 843–864.

V. Gjuzelev, Černo more i Černomorieto v bălgarskata srednovekovna istorija XIII–XIV v. Dobrudžansko despotstvo. (La Mer Noire et la région pontique dans l'histoire médiévale bulgare des XIIIᵉ et XIVᵉ s. Le despotat de Dobrudža). Varna 1981.

C. Goehrke, Die geographischen Gegebenheiten Rußlands in ihrem historischen Beziehungsgeflecht. Handbuch der Geschichte Rußlands, I: Von der Kiever Reichsbildung bis zum Moskauer Zartum, hrsg. von M. Hellmann, Stuttgart 1981, 8–72.

M. Gregoriu–Joannidu, To nautiko thema ton Kibyrraioton. Symbole sto problema tes hidryseos tu. Byzantina 11 (1982) 203–221.

T. Gregory, The Fortified Cities of Byzantine Greece. Archaeology 35 (1982) 14–21.

M. Gudas, He katametresis ton emporikon ploion kai he neologesis kai phorologia auton kata tus byzantinus chronus. Byzantis 1 (1909) 35–47.

A. Guillou, La Civilisation Byzantine. Paris 1974.

Ders., Studies on Byzantine Italy (Collected Studies) London 1970.

Ders., Culture et Société en Italie Byzantine (VIᵉ–XIᵉ s.). (Collected Studies). London 1978.

K. C. Gutwein, Third Palestine – A Regional Study in Byzantine Urbanization. Washington 1981.

R. M. Harrison, Upland Settlements in Early Medieval Lycia. Actes du Colloque sur la Lycie antique, Istanbul 1977 (Bibliothèque de l'Institut français d'études anatoliennes d'Istanbul, 27). Paris 1980, 109–118.

R. M. Harrison – G. R. J. Lawson, An Early Byzantine Town at Arif in Lycia. Yayla 2 (1979) 13–17.

H. W. Haussig, Der Seidenhandel über die Chazaren mit Byzanz und Skandinavien. Les pays du Nord et Byzance. Uppsala 1981, 187–193.

H. Hellenkemper, Burgen der Kreuzritterzeit in der Grafschaft Edessa und im Königreich Kleinarmenien. Studien zur Historischen Siedlungsgeographie Südost–Kleinasiens (Geographica Historica, 1). Bonn 1976.

L. Hempel, Mensch oder Klima? „Reparaturen" am Lebensbild vom mediterranen Menschen mit Hilfe geowissenschaftlicher Methoden. Gesellschaft zur Förderung der westfälischen Wilhelms-Universität 1980/81. Münster 1981, 30–36.

J. Henning, Untersuchungen zur Entwicklung der Landwirtschaft in Südosteuropa im Übergang von der Spätantike zum frühen Mittelalter. Ethnographisch-Archäolog. Zeitschrift 25 (1984) 123–130.

R. H. Hewsen, Introduction to Armenian Historical Geography. Revue des Études Arméniennes 13 (1979) 77–97.

W. Heyd, Histoire du commerce du Levant au moyen âge, I–II. Leipzig 1923.

F. Hild, Das byzantinische Straßensystem in Kappadokien. (Veröff. der Komm. für die Tabula Imperii Byzantini, 2) Wien 1977.

Historia tu Helleniku Ethnus, hrsg. v. *G. Christopulos – I. Mpastias*, VII. Protobyzantinoi chronoi (324–642), VIII. Mesobyzantinoi chronoi (642–1071), IX. Mesobyzantinoi chronoi (1071–1204), Hysterobyzantinoi chronoi (1204–1453). Athen 1978–1979.

History and Climate (= Special Issue of The Journal of Interdisciplinary History 10 [1980] 583–861).

W. Hoepfner–H. Schmidt, Mesaionikoi Oikismoi Kykladon Neson Antiparu–Kimolu. Kimoliaka 8 (1978) 3–45.

W. Hörandner, Byzanz. Historische Bücherkunde Südosteuropa, hrsg. v. M. Bernath – G. Krallert I/1. München 1978, 131–408.

J. Hoffmann, Rudimente von Territorialstaaten im Byzantinischen Reich (1071–1210). Untersuchungen über Unabhängigkeitsbestrebungen und ihr Verhältnis zu Kaiser und Reich. (Miscellanea Byzantina Monacensia, 17). München 1974.

R. L. *Hohlfelder* (Hrsg.), City, Town and Countryside in the Early Byzantine Era. New York 1982.

A. *Hohlweg,* Beiträge zur Verwaltungsgeschichte des Oströmischen Reiches. (Miscellanea Byzantina Monacensia, 1). München 1965.

E. *Honigmann,* Die Ostgrenze des Byzantinischen Reiches von 363 bis 1071 nach griechischen, arabischen, syrischen und armenischen Quellen, Brüssel 1935.

Ders., Le Synekdémos d'Hiérokles et l'opuscule géographique de Georges de Chypre. Brüssel 1939.

V. *Hrochova,* Centres des Marchés au Sud–Est Européen entre le 13e et le 15e siècle. Rapports, Co–rapports, communications tchécoslovaques pour le IVe congrès de l'Association Internationale d'Études du Sud–Est Européen. Prag 1979, 107–124.

W.–D. *Hütteroth,* Türkei, Wissenschaftliche Länderkunden 21. Darmstadt 1982.

H. *Hunger,* Reich der Neuen Mitte. Der christliche Geist der byzantinischen Kultur. Graz–Wien–Köln 1965.

E. *Huntington,* Klimaänderung und Bodenerschöpfung als Elemente im Niedergang Roms. Der Untergang des römischen Reiches (Wege der Forschung, 269), hrsg. von K. Christ. Darmstadt 1970, 166–200.

J. M. *Hussey,* (Hrsg.), The Cambridge Medieval History IV, The Byzantine Empire 1. Byzantium and its Neighbours, 2. Government, Church and Civilisation. Cambridge 1966–1967.

G. *Huxley,* A List of aplekta. Greek, Roman and Byzantine Studies 16 (1975) 87–93.

D. *Jacoby,* La population de Constantinople à l'époque byzantine: Un probléme de démographie urbaine. Byzantion 31 (1961) 81–109.

Ders., Recherches sur la Méditerrannée orientale du XIIe au XVe s. Collected Studies. London 1979.

Ders., Société et Démographie à Byzance et en Romanie latine. Collected Studies. London 1975.

R. *Janin,* Constantinople byzantine. Développement urbain et répertoire topographique (Archives de l'Orient Chrétien 4A) Paris 1964[2].

Ders., La Géographie ecclésiastique de l'empire byzantin, I. Les églises et les monastères de Constantinople byzantine. Paris [2]1969.–II. Les églises et les monastères des grands centres byzantins. Paris 1975.

C. J. Jireček, Handelsstraßen und Bergwerke von Serbien und Bosnien während des Mittelalters. Historisch–geographische Studien. (Abhandlungen der Königl. Böhm. Gesellschaft der Wissenschaften, VI 10, Classe für Philosophie, Geschichte und Philologie, Nr. 2). Prag 1870.

W. E. Kaegi jr., Byzantine Military Unrest 471–843. An Interpretation. Amsterdam 1981.

H. u. R. Kahane, Abendland und Byzanz, Literatur und Sprache. Reallexikon der Byzantinistik, Heft 3–5 (1969–1976) 227–639.

H. u. R. Kahane – A. Tietze, The Lingua Franca in the Levant. Turkish Nautical Terms of Italian and Greek Origin. Urbana 1958.

M. Kaplan, Quelques remarques sur les paysages agraires Byzantines (VIᵉ s. – Millieu XIᵉ s.). Revue du Nord 62 (1980) 155–170.

J. Karayannopoulos, Die Entstehung der byzantinischen Themenordnung. (Byzantinisches Archiv, 10). München 1959.

Ders., Ein Problem der spätbyzantinischen Agrargeschichte. Jahrbuch der Österreichischen Byzantinistik 30 (1981) 207–237.

P. Karlin–Hayter, Les Catalans et les villages de la Chalcidique. Byzantion 52 (1982) 244–263.

Dies., Constantinople: Partition of an Eparchy or Imperial Foundation. Jahrbuch der Österreichischen Byzantinistik 30 (1981) 1–24.

A. P. Každan, Derevnja i gorod v Vizantii IX–X vv. Moskau 1960.

H. Kennedy, Arab Settlement on the Byzantine Frontier in the eight and ninth Centuries. Yayla 2 (1979) 22–24.

E. Kirsten, Die byzantinische Stadt (Berichte zum XI. Intern. Byzantinistenkongreß, V, 3.). München 1958.

Ders., Die griechische Polis als historisch–geographisches Problem des Mittelmeerraumes. (Colloqium Geographicum, 5). Bonn 1956.

Ders., Troia – ein byzantinisches Stadtgebiet in Süditalien. Römische historische Mitteilungen 23 (1981) 245–270.

J. Koder, Byzantinisches Reich. Geographische Grundlagen. Lexikon d. Mittelalters 2 (1983) 1227–1238.

Ders., Zur Frage der slavischen Siedlungsgebiete im mittelalterlichen Griechenland. Byzantinische Zeitschrift 71 (1978) 315–331.

Ders., Die Metochia der Athos-Klöster auf Sithonia und Kassandra. Jahrb. Österr. Byz. 16 (1967) 211–224.

Ders., Negroponte. Untersuchungen zur Topographie und Siedlungsgeschichte der Insel Euboia während der Zeit der Venezianerherrschaft (Veröff. der Komm. für die Tabula Imperii Byzantini, 1). Wien 1973.

Ders., Problemata tes Slabikes Epoikises kai toponymias ste mesaionike Epeiro. Epeirotika Chronika 24 (1982) 9–35.

Ders., Topographie und Bevölkerung der Ägäis–Inseln in spätbyzantinischer Zeit. Probleme der Quellen, Byzantinische Forschungen 5 (1977) 217–234.

Ders., Überlegungen zur Bevölkerungsdichte des byzantinischen Baumes in Spätmittelalter und Frühneuzeit. Mélanges en l'honneur de Freddy Thiriet. 1985 (im Druck).

P. Koledarov, Političeska geografija na srednovekovnata Bălgarska Dăržava, I. 681–1018. Sofia 1979.

G. T, Kolias, Historike Geographia tu Helleniku Choru. Epoikismos – Politike Geographia – Oikonomike Geographia. Athen 1969².

É. Y. Kolodny, La population des îles de la Grèce. Essai de géographie insulaire en méditerranée orientale, I–II und Atlas. Aix–en–Provence 1974.

N. K. Kondov, Demographische Notizen über die Landbevölkerung aus dem Gebiet des unteren Strymon in der ersten Hälfte des XIV. Jahrhunderts. Études Balkaniques 2/3 (1965) 261–272.

Ders., Über den wahrscheinlichen Weizenertrag auf der Balkanhalbinsel im Mittelalter. Études Balkaniques 10/1 (1974) 97–109.

Konstantinos Porphyrogennetos, De administrando imperio, I. Text, edd. *G. Moravcsik – R. J. H. Jenkins,* Washington 1967². – II. Commentary, edd. *R. J. H. Jenkins* et alii. London 1962.

Konstantinos Porphyrogennetos, De thematibus. Introduzione, testo critico, commentario a cura di *A. Pertusi* (Studi e test, 160) Città del Vaticano 1952.

M. S. Kordoses, He slabike epoikese sten Peloponneso me base ta slabika toponymia. Dodone 1(1981) 381–444.

Ders., Symbole sten historia kai topographia tes perioches Korinthu stus Mesus Chronus. Athen 1981.

K. Kreiser, Über den Kernraum des Osmanischen Reiches. Die Türkei in Europa. Göttingen 1979, 53–63.

K. Kretschmer, Die italienischen Portolane des Mittelalters. Ein Beitrag zur Geschichte der Kartographie und Nautik (Veröffentlichungen des Inst. für Meereskunde und des geographischen Inst. an der Univ. Berlin, 13). Berlin 1909 (ND 1962).

166

A. E. Laiou–Thomadakis (Hrsg.), Charanis Studies. Essays in Honor of Peter Charanis. New Brunswick 1980.

Dies., Peasant Society in the Late Byzantine Empire. A Social and Demographic Study. Princeton 1977.

G. S. Lebedev, On the Early Date of the Way "from the Varangians to the Greeks". Fenno–Ugri et Slavi. Helsinki 1980, 90–101.

J. Lefort, En Macédoine orientale au Xe siècle: Habitat rural, communes et domaines. Occident et Orient au Xe siècle (Paris 1979) 251–272.

P. Lemerle, The Agrarian History of Byzantium from the Origins to the 12th Century. Galway 1979.

Ders., L'histoire des Pauliciens d'Asie mineure d'après les sources grecques. Travaux et Mémoires 5 (1973) 1–144.

Ders., Les plus anciens recueils des miracles de Saint Démétrius et la pénétration des Slaves dans les Balkans, I. Le Texte, II. Commentaire. Paris 1979–1981.

Cl. Lepelley, Les cités de l'Afrique Romaine au Bas-Empire, I. La permanence d'une civilisation municipale, II. Notices d'histoire municipale. Paris 1979–1981.

E. Le Roy Ladurie, Histoire du climat depuis l'an mil (Nouvelle bibliothèque scientifique) Paris 1967.

Les pays du Nord et Byzance (Scandinavie et Byzance). Actes du colloque nordique et international de byzantinologie tenu à Upsal 1979. (Acta Univ. Upsaliensis, Figura NS. 19). Uppsala 1981.

T. Lewicki, Les voies maritimes de la Méditerranée dans le haut moyen âge d'après les sources arabes. La navigazione mediterranea nell'alto medioevo, Spoleto 14–20 aprile 1977. (Sett. di studio del Centro it. di studi sull'alto medioevo, 25). Spoleto 1978, 439–469; Diskussion 470 ff.

W. Liebeschuetz, The Defences of Syria in the Sixth Century, in: Studien zu den Militärgrenzen Roms, II = Beih. Bonner Jahrb. 38, Köln–Bonn 1977, 487–499.

R.-J. Lilie, Die byzantinische Reaktion auf die Ausbreitung der Araber. Studien zum Strukturwandel des byzantinischen Staates im 7. und 8. Jh. (Miscellanea Byzantina Monacensia, 22) München 1976.

Ders., „Thrakien" und „Thrakesion". Zur byzantinischen Provinzorganisation am Ende des 7. Jahrhunderts. Jahrbuch der Österreichischen Byzantinistik 26 (1977) 7–48.

R. P. Lindner, Nomads and Ottomans in Medieval Anatolia. (Indiana University Uralic and Altaic Series, 144). Bloomington 1983.

167

M. *Lombard,* Arsénaux et bois de marine dans le Méditerranée musulmane (VIIᵉ–VIIIᵉ s.). Le navire et l'économie maritime du moyen âge, hrsg. v. M. Mollat. Paris 1958, 53–106.

Ders., Un problème cartographié: le bois dans la méditerranée Musulmane (VIIᵉ–XIᵉ siècles). Annales E. S. C. 14 (1959) 234–254.

R. S. *Lopez,* The Evolution of Land Transport in the Middle Ages. Past and Present 9 (1957/58) 17–29.

R. S. *Lopez,* Silk Industry in the Byzantine Empire. Speculum 20 (1945) 1–42.

R. *Lubenau,* Beschreibung der Reisen, hrsg. v. W. Sahm, I–II. Königsberg 1912–1930.

F. *Ludwig,* Untersuchungen über die Reise– und Marschgeschwindigkeit im XII. und XIII. Jahrhundert. Berlin 1897.

F. G, *Maier* (Hrsg.), Byzanz (Fischer Weltgeschichte, 13). Frankfurt a.M. 1973.

Ders., Die Verwandlung der Mittelmeerwelt (Fischer Weltgeschichte, 9). Frankfurt a.M. 1968.

L. *Maksimović,* Vizantijska provincijska uprava u doba Pale-ologa. Belgrad 1972. = The Byzantine Provincial Administration under the Palaeologi. Amsterdam 1983.

E. *Malamut,* Les îles de la mer Egée de la fin du XIᵉ siècle à 1204. Byzantion 52 (1982) 310–350.

J. *Markwart,* Südarmenien und die Tigrisquellen nach griechischen und arabischen Geographen. Wien 1930. – Vgl. E. Honigmann in Byz. Ztschr. 31 (1931) 392–400 (mit Karte).

O. *Maull,* Der Einfluß geographischer Faktoren auf die Geschichte des byzantinischen Reiches. Südostforschungen 21 (1962) 1–21.

Mazaris' Journey to Hades or Interviews with Dead Men about Certain Officials of the Imperial Court. Greek Text with Translation, Notes, Introduction and Index by Seminar Classics 609 / State University of New York at Buffalo. Buffalo 1975.

R. *Meiggs,* Trees and Timber in the Ancient Mediterranean World. Oxford 1982.

I. M. *Michael,* He poleodomike exelixis ton astikon kentron tes chersonesu tu Haimu meta ten archaioteta. Technika Chronika 1968/5, 331–349.

F. *Micheau,* Les itinéraires maritimes et continentaux des pélérinages vers Jérusalem. Occident et Orient au Xéme siècle (Paris 1979) 79–111.

H. *Mihăescu*, La lingua latina e la lingua greca nell'Impero Bizantino, Atene e Roma 18 (1973) 144–153.

I. *Mikulčić*, From the Topography of Scupi, in: Archaeologia Iugoslavica 14 (1973) 29–35.

Ders., Über die Größe der spätantiken Städte in Makedonien, in: Živa Antika 24/1–2 (1974) 191–212.

K. *Miller*, Itineraria Romana. Römische Reisewege an Hand der Tabula Peutingeriana dargestellt. Stuttgart 1916 (ND 1964).

G. *Moravcsik*, Byzantinoturcica, I. Die byzantinischen Quellen der Geschichte der Türkvölker, II. Sprachreste der Türkvölker in den byzantinischen Quellen. Berlin 1958².

T. *Moschos–L. Moschu*, Palaiomaniatika. Hoi byzantinoi agrotikoi oikismoi tes Lakonikes Manes. Archaiologika Analekta ex Athenon 14 (1981) 3–29.

W. *Müller–Wiener*, Bildlexikon zur Topographie Istanbuls. Byzantion–Konstantinupolis–Istanbul bis zum Beginn des 17. Jahrhunderts. Tübingen 1977.

J. L. *Myres*, Geographical History in Greek Lands. Oxford 1953.

D. *Nastase*, Lanthanusa Athonitike mone tu dekatu aiona. Symmeikta K. B. E. 5 (1983) 287–293.

P. Ş. *Năsturel*, Vlacho–balcanica. Byz.–neugr. Jahrb. 22 (1978) 221–248.

La navigazione mediterranea nell'alto medioevo, I.–II. (Sett. di studio del Centro it. di studi sull'alto medioevo, 25) Spoleto 1978.

D. M. *Nicol*, Meteora. The Rock Monasteries of Thessaly. London 1975².

Ders., Refugees, Mixed Population and Local Patriotism in Epiros and Western Macedonia after the Fourth Crusade. XVᵉ Congrès international d'études byzantines, Athènes, Septembre 1976, Rapports et co–rapports, I (Athen 1976).

Notitia dignitatum (accedunt notitia urbis Constantinopolitinae et latercula provinciarum), ed. *O. Seeck* . Frankfurt a. M. 1962 (Nachdruck der Ausgabe von 1876).

N. *Oikonomidès*, Les listes de préséance byzantines des IXᵉ et Xᵉ siècles. Paris 1972.

Ders., Vardariotes–W.l.nd.r–V.n.nd.r: Hongrois installés dans la vallée du Vardar en 934. Südostforschungen 32 (1973) 1–8.

A. K. *Orlandos*, Monasteriake Architektonike. Athen 1958².

G. *Ostrogorsky*, Geschichte des byzantinischen Staates (Handbuch der Altertumswissenschaften XII 1/2). München 1963³.

Ders., Quelques problèmes d'histoire de la paysannerie byzantine. Brüssel 1956.

Th. Papadopoullos, Social and Historical Data on Population (1570–1881) (Cyprus Research Centre, Texts and Studies of the history of Cyprus, 1). Nicosia 1965.

I. A. Papangelos, Ho diachorismos tes ges ton Athoniton tu 943, in: Protaton (Dimen. Hagioreit. Deltio) 2/10 (1984) 58–60.

Paralios Kypriakos Choros. Apodeltiose pegon kai katagraphe mnemeion (mesa 11 – tele 13 ai.). Hrsg. v. Kentron Byzantinon Ereunon, E. I. E. Athen 1982.

S. Th. Parker, Towards a History of the Limes Arabicus. Roman Frontier Studies 1979, ed. W. S. Hanson and L. J. F. Keppie, III (London 1980) 865–878.

P. Pattenden, The Byzantine Early Warning System. Byzantion 53 (1983) 258–299.

A. Pertusi, La formation des themes byzantins. Berichte XI. Intern. Byzantinistenkongreß. München 1958. 1–40 (vgl. Korreferat von *G. Ostrogorsky*, ebd.).

M. Philippa Apostolu, To Kastro tes Antiparu. Symbole ste melete ton ochyromenon mesaionikon oikismon tu Aigaiu. Athen 1978.

Dies., Le nom „Castro" donné aux villages fortifiés des Cyclades. Pyrgoi kai Kastra (Thessalonike 1980) 135–147.

A. Philippson, Das byzantinische Reich als geographische Erscheinung. Leiden 1939.

Ders., Die griechischen Landschaften I–IV. I: Der Nordosten der griechischen Halbinsel, II: Der Nordwesten der griechischen Halbinsel, III: Der Peloponnes, IV: Das Aegaeische Meer und seine Inseln. Mit Beiträgen zur historischen Landeskunde von *E. Kirsten*, hrsg. von E. Kirsten. Frankfurt/Main 1950–1959.

N. V. Pigulevskaja, Byzanz auf den Wegen nach Indien. Berlin 1969.

H. Pirenne, Mahomet et Charlemagne. Paris–Brüssel 1937².

D. E, Pitcher, An Historical Geography of the Ottoman Empire. Leiden 1972.

X. de Planhol, Principes d'une géographie urbaine de l'Asie Mineure. Revue géogr. de l'Est 9 (1969) 249–268.

N. J. G. Pounds, An Historical Geography of Europe 450 B.C. – A.D. 1330. Cambridge 1973.

G. Prinzing, Studien zur Provinz– und Zentralverwaltung im Machtbereich der epirotischen Herrscher Michael I. und Theodoros Dukas. 1. Teil. Epeirotika Chronika 24 (1982) 73–120. – 2. Teil. *Ebd.* 25 (1983) 37–112.

G. Radke, Viae publicae Romanae. RE Suppl. 13 (1973) 1415–1686.

W. A. Ramsay, The Historical Geography of Asia Minor (Royal Geographical Society, Suppl. IV). London 1890.

Z. Rapanić, Contribution à la poléographie du littoral est de l'Adriatique. Balcanoslavica 8 (1979) 93–100.

G. Ravegnani, Kastron e Polis: Ricerche sull' organizzazione territoriale nel VI secolo. Rivista di Studi bizantini e slavi 2 (1982) 271–282.

M. Restle, Athos. Reallex. zur byz. Kunst 1 (1966) 389–421.

Ders., Istanbul Bursa Edirne Iznik – Baudenkmäler und Museen (Reclams Kunstführer). Stuttgart 1976.

H. Riedl (Hrsg.), Beiträge zur Landeskunde von Griechenland, I–II. Salzburg 1976–1981.

G. Rouillard, La vie rurale dans l'empire byzantin. Paris 1953.

J. Šašel, Viae militares. Studien zu den Militärgrenzen Roms, 2. Vorträge des 10. int. Limeskongr. in der Germ. Inf. (Beih. Bonn. Jb., 38). Köln 1977, 235–244.

F. Sauerwein, Griechenland. Land, Volk, Wirtschaft in Stichworten. (Hirts Stichwortbücher). Wien 1976.

Ders., Spannungsfeld Ägäis. Informationen, Hintergründe, Ursachen des griechisch–türkischen Konfliktes um Cypern und die Ägäis (Studienbücher Geographie). Aarau, Berlin, Frankfurt a. M., München, Salzburg 1980.

O. Schmieder, Die Alte Welt, I. Der Orient. Die Steppen und Wüsten der Nordhemisphäre mit ihren Randgebieten. Wiesbaden 1965. – II. Anatolien und die Mittelmeerländer Europas. Kiel 1969.

A. M. Schneider, Die Bevölkerung Konstantinopels im 15. Jahrhundert. Nachrichten Akad. Wiss. Göttingen, phil.–hist. Kl. 1949/9, 233–244.

G. Schramm, Eroberer und Eingesessene. Geographische Lehnnamen als Zeugen der Geschichte Südosteuropas im ersten Jahrtausend n. Chr. Stuttgart 1981.

P. Schreiner, Die Produkte der byzantinischen Landwirtschaft nach den Quellen des 13.–15. Jahrhunderts. Bulgarian Historical Review 2 (1982) 88–95.

Ders., Zivilschiffahrt und Handelsschiffahrt in Byzanz: Quellen und Probleme bezüglich der dort tätigen Personen. Le genti del mare Mediterraneo, Napoli 1981. Neapel 1982, 9–25.

L. Schumacher, Zur Verbreitung der Reblaus. Prolegomena einer antiken Ökologie. Abwege der Forschung. Mainz 1983.

A. Ja. Šebelenko, Demografičeskaja zamjetka o Evrope rannego srednevekova. Drevneišije Gosudarstva na territorii SSSR. Moskau 1981, 216–227.

171

W. *Seibt*, Die Eingliederung von Vaspurakan in das Byzantinische Reich (etwa Anfang 1019 bzw. Anfang 1022). Handes Amsorya 92 (1978) 49–66.

N. *Settas*, He Hellas kai to klima tes. Athen 1975.

I. *Shahid*, Byzantium in South Arabia. Dumbarton Oaks Papers 33 (1979) 23–94.

G. *Soulis*, Historical Studies. Byzantina Balcanica Neohellenica. Athen 1980.

Ders., The Thessalian Vlachia. Zbornik radova Viz. inst. 8/1 (Mélanges Ostrogorsky I) (1963) 271–273.

I. D. *Spisarevska*, Le reseau routier entre l'Adriatique et la Mer Noire dans le cadre des echanges commerciaux des territoires Bulgares aux XVe–XVI^{e}siècles. Études Historiques 9 (Sofia 1979) 151–172.

Die Sprachen im römischen Reich der Kaiserzeit. Kolloquium vom 8. bis 10. April 1974 (Beih. Bonn. Jahrb. 40). Bonn 1980.

R. *Sprandel*, Le commerce du fer en Méditerranée Orientale au moyen âge. VIIIe Congrès Intern. Hist. Maritime. Beirut 1966.

Ders., Das Eisengewerbe im Mittelalter. Stuttgart 1968.

E. *Stănescu*, Byzantinovlachica. I. Les Vlaques à la fin du Xe siècle au debut du XIe siècle et la restauration de la domination byzantine dans le Péninsule balkanique. Rev. Ét. Sudest europ. 6 (1968) 407–438.

Ders., La population vlaque de l'Empire byzantin aux XIe–XIIIe siècles. Structure et Mouvement. Actes du XVe Congrès int. d'ét. byz., Athènes, Septembre 1976, I (Athen 1980).

I. *Stefanov*/L. *Dinev*/Z. *Koev*, Bulgarien. Land, Volk, Wirtschaft in Stichworten (Hirts Stichwortbücher). Wien 1975.

F. *O'Sullivan*, The Egnatian Way. Harrisburg 1972.

N. G. *Svoronos*, Recherches sur le cadastre byzantin et la fiscalité aux XIe et XIIe siècles: Le cadastre de Thèbes. Bull. Corresp. Hell. 83 (1959) 1–145.

Tabula Imperii Byzantini, hrsg. von H. *Hunger*, Bd. 1: Hellas und Thessalia von J. *Koder* und F. *Hild*, Register von P. *Soustal* (Österr. Akademie der Wissenschaften, Phil.-hist. Kl., Denkschriften 125. Bd.). Wien 1976. – Bd. 2: Kappadokien (Kappadokia, Charsianon, Sebasteia und Lykandos) von F. *Hild* und M. *Restle* (Österr. Akademie der Wissenschaften, Phil.-hist. Kl., Denkschriften 149. Bd.) Wien 1981. – Bd. 3: Nikopolis und Kephallenia von P. *Soustal* unter Mitwirkung von J. *Koder* (Österr. Akademie der Wissenschaften, Phil.-hist. Kl., Denkschriften 150 Bd.) Wien 1981. – Bd. 4: Galatien und Lykaonien von *K. Belke,* mit Beiträgen von *M. Restle* (Österr. Akademie der Wissenschaften, Phil.-hist. Kl., Denk-schriften 172. Bd.) Wien 1984.

J. L. Teall, The Grain Supply of the Byzantine Empire, 330–1025. Dumbarton Oaks Papers 13 (1959) 87–139.

J. V. Thirgood, Man and the Mediterranean Forest. London 1981.

F. Thiriet, La Romanie Vénitienne au moyen âge. Le développe-ment et l'exploitation du domaine colonial vénitien (XIIᵉ–XVᵉ siècles). Paris 1959.

Ders., Les routes maritimes dans l'Adriatique. Riv. Stor. Mezzo-giorno 14 (1979) 75–89.

Ders., La symbiose dans les états Latins formés sur les territoires de la Romania Byzantine (1202 à 1261). Phénomènes réligieu-ses. XVᵉ Congrès international d'études byzantins, Athènes, Septembre 1976, Rapports et co–rapports, I (Athen 1976).

J. Tischler, Kleinasiatische Hydronymie. Semantische und mor-phologische Analyse der griechischen Gewässernamen. Wies-baden 1977.

P. Topping, Co-existence of Greeks and Latins in Frankish Morea and Venetian Crete. XVᵉ Congrès international d'étu-des byzantines, Athènes, Septembre 1976, Rapports et corap-ports, I (Athen 1976).

A. Toynbee, Constantine Porphyrogenitus and His World. Oxford 1973.

Ders., The Place of Mediaeval and Modern Greece in History. Inaugural Lecture of the Koraes Chair of Modern Greek and Byzantine Language, Literature and History. London 1919.

A. P. Usher, The History of Population and Settlement in Eurasia. The Geographical Review 1930, 110–132.

A. A. Vasiliev, Byzance et les Arabes I, II 1–2 (unter Mitarb. v. *M. Canard*). Brüssel 1935–1968.

M. Vasmer, Die Slaven in Griechenland (Abh. Preuß. Ak. Wiss., phil.–hist. Kl. 1941/12). Berlin 1941 (ND 1970).

H. Vierck, Ein Schmiedeplatz aus Alt-Ladoga und der präurba-ne Handel zur Ostsee vor der Wikingerzeit. Münstersche Beiträge zur Antiken Handelsgeschichte 2/2 (1983) 3–64.

S. Vryonis, The Decline of Medieval Hellenism in Asia Minor and the Process of Islamisation from the eleventh through the fifteenth century. Berkeley 1971.

Ders., Patterns of Population Movement in Byzantine Asia Minor 1071–1261. XVᵉ Congrès international d'études byzantines, Athènes, Septembre 1976, Rapports et co–rapports, I (Athen 1976).

Ders., The Question of the Byzantine Mines. Speculum 37 (1962) 1–17.

G. A. *Wagner*, E. *Pernicka*, Ancient Gold Mines on Thasos. Naturwissenschaften 68 (1981) 263 f.

Dies., Blei und Silber im Altertum: ein Beitrag der Archäometrie. Chemie in unserer Zeit 16 (1982) 47–56.

G. A. *Wagner*, E. *Pernicka*, W. *Gentner*, Nachweis antiken Goldbergbaues auf Thasos: Bestätigung Herodots. Naturwissenschaften 66 (1979) 613 f.

J. M. *Wagstaff*, The Evolution of the Middle Eastern Landscapes. Beckenham (Kent) 1984.

T. M. L. *Wigley*, M. J. *Ingram*, G. *Farmer* (Hrsg.), Climate and History. Studies in Past Climates and Their Impact on Man. Cambridge 1982.

G. H. *Willcox*, A History of Deforestation as indicated by Charcoal Analysis of four Sites in Eastern Anatolia. Anatolian Studies 24 (1974) 117–133.

D. *Winfield*, The Northern Routes across Anatolia. Anatolian Studies 27 (1977) 151–166.

E. *Wirth*, Syrien. Wissenschaftliche Länderkunden 4/5. Darmstadt 1971.

P. *Wittek*, Von der byzantinischen zur türkischen Toponymie. Byzantion 10 (1935) 11–64.

E. A. *Zachariadou*, The Catalans of Athens and the Beginning of the Turkish Expansion in the Aegean Area. Studi Medievali 21 (1980) 821–838.

Dies., Trade and Crusade. Venetian Crete and the Emirates of Menteshe and Aydin (1300–1415) (Libr. Hell. Inst. Byz. Postbyz. Studies, 11). Venedig 1983.

D. A. *Zakythinos*, Byzantinische Geschichte 324–1071. Wien–Köln–Graz 1979.

Ders., The Making of Modern Greece. From Byzantium to Independence. Oxford 1976.

Ders., Meletai peri tes dioiketikes diaireseos kai tes eparchiakes dioikeseos en to byzantino kratei, I. Epeteris Hetaireias Byzantinon Spudon 17 (1941) 208–274 und 18 (1948) 42–62; II, ibidem 21 (1951) 179–209.

H. *Zilliacus*, Zum Kampf der Weltsprachen im Oströmischen Reich. Helsingfors 1935 (ND 1965).

12. GEOGRAPHISCHES REGISTER

In das geographische Register sind alle in der Faltkarte „Der byzantinische Raum, 7. bis 15. Jahrhundert" sowie in den Abbildungen 6, 7, 8, 9, 10, 11, 13 und 21 vorkommenden Orts-, Provinz-(Themen-) und Gewässernamen aufgenommen, wobei für die Namen in den genannten Abbildungen auf deren Nummer, für die Namen der Faltkarte auf das Suchgitter (Buchstabe und Ziffer) verwiesen wird. *Gewässernamen* sind, wie in der Karte, *kursiv* gedruckt.

Bizerta A 4
Bizye E 3
Boczaada ↗ Tenedos
Bodchorma J 2
Bodena (Edessa, Voden) D 3
Bogu ↗ Hypanis
Boibe-See (Karla-See) D 3
Boion (Bojana) D 2
Bolaina D 4
Bolbe-See D 3
Bolgar 7
Bologna A 2
Bona C 2
Bonditsa D 3
Bononia ↗ Bologna
Bononia ↗ Bidine
Borzo G 4
Bosporos E 3
Bosporos, Kimmerios (Zekchia, Kertsch) G 1
Bostitsa (Aigion) D 4
Bova B 4
Bradano BC 3
Branitzoba D 2
Bratza C 2
Brendesion (Brindisi) C 3
Brutos (Pruth, Burat) E 12
Bryas E 3
Brysis E 3
Budapest C 1
Bug ↗ Hypanis
Bukarest E 2
Bukellarion 11
Bulgaria 11, 13
Bulgarophygon E 3
Bulla Regia A 4
Burat ↗ Brutos
Burdur-See F 4
Burlik G 1
Bursa ↗ Pruse
Buthrotos (Butrint) C 3
Butoba (Budva) C 3
Bydine ↗ Bidine
Byblos (Gibelet) G 4

C siehe auch K
Cabo d'Oro (Kanal von) D 4
Cagliari A 3
Caltabellotta B 4
Çanakkale ↗ Abydos
Canosa (Canusium) B 3
Capodistria ↗ Iustinopolis

Capua ↗ Kapye
Carinae ↗ Kronion
Çarşamba F 4
Cassino B 3
Castrogiovanni (Enna) B 4
Catania ↗ Katane
Cattaro ↗ Dekatera
Cefalonia ↗ Kephallenia
Cefalù ↗ Kephaludi
Cembalo ↗ Symbolon
Cercina A 4
Cerigo ↗ Kythera
Cerigotto ↗ Antikythera
Cetina ↗ Zentina
Ch siehe auch H
Chaboras (Khabur) H 34
Chaironeia D 4
Chaldia 11
Chaliat (Chleat) J 3
Chalkis ↗ Euripos
Chalkis (Nordsyrien) H 4
Chalkedon 13, E 3
Chandax E 4
Chania D 4
Charan H 3
Charax (Hereke) F 3
Charpete (Harput) H 3
Charsianon 11
Chele F 3
Chelidonion (Erevan) J 2
Cherson (Krim) 11, F 2
Chert J 3
Chieti B 2
Chilia ↗ Lykostomion
Chimara (Himara) C 3
Chioggia ↗ Klugia
Chios 11, E 34
Chleat ↗ Chaliat
Chlomaron H 3
Choaron (Hvar, Phara) C 2
Choma F 4
Chonai (Kolossai) F 4
Chonin G 3
Chozana H 3
Christianupolis D 4
Christupolis (Kabala) D 3
Chrysopolis (Skutari) E 3
Chunabia C 3
Cividale del Friuli ↗ Forum Iulii
Civitate B 3
Civitavecchia A 3
Clermont D 4

179

182

183

Maure Thalassa (Euxeinos Pontos, Schwarzes Meer) 7, EFGH 2
Mausil (Mosul) J 3
Mazzara A 4
Medeia (Midye) E 3
Mediolanon A 2
Megara D 4
Mela ↗ Modrine
Melangeia ↗ Malagina
Melas F 4
Meleta C 2
Melfi B 3
Melita ↗ Malta
Melitene (Eskimalatya) 6, 9, 11, H 3
Melitopolis ↗ Lopadion
Melnikos (Melnik) D 3
Melos (Insel) D 4
Melos (Galatien) F 3
Melte H 3
Meluos G 4
Mempetze ↗ Hierapolis
Menikos G 4
Mesanakta ↗ Dipotamon
Meschia H 2
Mesembria (Nesebar) E 2
Mesene (Messina) B 4
Mesopotamia 8, 11
Meteora 20, D 3
Methone (Modon) D 4
Methymna E 3
Metropolis D 3
Metzcheta J 2
Midya ↗ Medeia
Miepherkeim ↗ Martyropolis
Miletos (Palatia) E 4
Misis ↗ Mopsuestia
Miskamos E 4
Mistheia F 4
Mistra ↗ Mystras
Mitrovica ↗ Sirmion
Mitylene (Lesbos) 13, E 3
Mnizos F 3
Modena A 2
Modon ↗ Methone
Modrine (Mela, Iustinianupolis) F 3
Moglaina (Moglena) D 3
Mokissos 13, G 3
Mokriskik C 2
Monasterion ↗ Pelagonia
Monastir A 4
Monembasia D 4
Monopolis C 3

Monreale B 4
Monte Cassino ↗ Cassino
Montferrat A 2
Mopsuestia (Misis) G 4
Morabos D 2
Moreses (Maros) D 12
Morobisdos D 3
Morphu G 4
Mosynopolis E 3
Mudros E 3
Mugla E 4
Murat Su ↗ Arsanias
Murom 7
Musge F 3
Mykonos E 4
Mylasa E 4
Myra 13, F 4
Myrikion F 3
Myrina E 3
Myriokephalon F 3
Mysia A' und B' 8
Mystras (Mistra) D 4

Nachičevan J 3
Naïssos (Niš) 6, D 2
Nakida G 3
Nakoleia F 3
Naron (Neretva, Orontios) C 2
Naupaktos 13, D 4
Nauplion D 4
Navarino ↗ Abarinos
Naxos E 4
Nazianzos G 3
Neai Patrai (Hypate) 13, D 3
Neapolis (Aphrike) A 4
Neapolis (Italien) B 3
Neapolis (Pisidien) F 3
Neokaisareia (Niksar) 9, 13, G 3
Neokaisareia (Euphrat) H 4
Neokastron B 3
Nesoi 8
Nestos D 3
Neutzikon E 3
Newa 7
Nikaia (Iznik) 6, 13, F 3
Nikaia (Nizza) A 2
Nike E 3
Nikomedeia 6, 13, F 3
Nikopolis (Donau) D 2
Nikopolis (Makedonien) D 3
Nikopolis (Chaldia) H 3
Nikopolis (Aktion) 6, 11, C 3

185

187

189